LES
ORIGINES ET LES DÉBUTS
DE
L'IMPRIMERIE
A BORDEAUX

Par A. CLAUDIN

Lauréat de l'Institut.

PARIS

LIBRAIRIE A. CLAUDIN

16, rue Dauphine, 16

M.DCCC.XCVII

ORIGINES ET DÉBUTS

DE

L'IMPRIMERIE A BORDEAUX

LES
ORIGINES ET LES DÉBUTS
DE
L'IMPRIMERIE
A BORDEAUX

Par A. CLAUDIN

Lauréat de l'Institut.

PARIS

LIBRAIRIE A. CLAUDIN

16, rue Dauphine, 16

M.DCCC.XCVII

LES

ORIGINES DE L'IMPRIMERIE

A BORDEAUX

I

Projet d'établissement d'une imprimerie à Bordeaux en 1486. — Subvention accordée par la ville. — Entreprise avortée. — Arrivée d'un nouvel imprimeur. — Les premières impressions bordelaises connues.

Les origines de l'imprimerie à Bordeaux sont assez obscures. Un contrat en langue gasconne passé le 21 juin 1486 (1) entre les prévôt et jurats de la ville et un nommé Michel Svierler, libraire à Bordeaux, établit que ce dernier sera tenu d'amener dans la présente ville et cité de Bordeaux un maître et ses compagnons pour faire des livres d'impression « et mole », suivant l'expression consacrée du temps. Ils devront rester dix ans en la ville et plus, former des apprentis et ouvriers, c'est-à-dire prendre à des prix raisonnables des enfants et compagnons de ladite ville, s'il y en a qui veuillent apprendre

(1) L'acte qui relate le fait a été découvert et publié pour la première fois par Ern. Gaullieur dans une brochure intitulée : *L'Imprimerie à Bordeaux en 1486*; Bordeaux, typogr. E. Forastié et fils, 1869, gr. in-8º, de 44 pages. Il a été reproduit presque en même temps, en appendice, dans *les Origines de l'imprimerie en Guyenne* par Jules DELPIT; Bordeaux, Forastié et fils, 1869, in-8º, de IV-112 et 3 pages. Dans ce dernier travail, J. Delpit combat certaines hypothèses fantaisistes de Gaullieur.

1

l'art d'imprimerie. Une subvention de 200 francs bordelais (environ 4,500 francs de notre monnaie actuelle), payable par quart de six mois en six mois pendant deux années, est accordée à Michel Svierler (1) moyennant certaines garanties (2), et caution est donnée par maître Nolot de Guiton pour une première avance de 50 francs bordelais faite par le trésorier de la Ville, Jean Ferron l'aîné.

Six mois après, en décembre suivant, Michel Svierler n'avait pas encore ouvert d'atelier typographique. N'étant pas en mesure de remplir son engagement vis-à-vis de la Ville, faute de fonds suffisants, il alla trouver Nolot de Guiton (3) qui avait répondu pour lui et lui exposa qu'il avait « puis naguières recuilli en sa compaignie ung maistre emprimeur nommé maistre Jehan Waltear, de Mindellon, pour le terme de deux ans, lequel a forny grant quantité de lectres d'estaing, lesquelles se doivent communiquer entre lesdits Micheau et maistre Jehan ». Comme l'avance qu'il avait reçue de la Ville pour les premières dépenses ne suffisait plus, il emprunte un supplément de trente francs bordelais à son répondant. En échange de ce service, il l'associe pendant dix ans à ses bénéfices à venir tant sur les livres qui viendront à être imprimés que sur « aucune marchandise de livres ou autres choses » qui seront achetées avec les deux cents francs fournis par la Ville. De plus « a esté appoincté entre eulx que les lettres d'estaing qui escheront audit Micheau pour sa part seront communiquées ensemble audit Guiton ».

(1) Michel Svierler était originaire d'Orme (c'est-à-dire d'Ulm), en Allemagne.

(2) Ces garanties étaient celles-ci : Si ledit maître et lesdits compagnons veulent s'en aller avant l'expiration du temps convenu, à moins que ce ne soit en temps de peste, les jurats pourront saisir ce qui se trouvera appartenir audit Michel et auxdits maîtres et compagnons : « *Et si s'en bolen anar losd. mests et companhous sino a temps p. mortalitat, durant lod. temps, que nos pusquam saisir so que sé trouvera deud. Micheu et deusd. mests et companhons.* »

(3) Nolot de Guiton était un bourgeois de Bordeaux riche et considéré, docteur *in utroque jure*, qui était intéressé dans diverses affaires commerciales.

Jean Waltear, le maître imprimeur, chargé de la fourniture des caractères qu'il gravait et fondait lui-même selon toute probabilité, avait droit à la moitié du matériel ainsi créé et fabriqué. Par suite des nouvelles conventions, la part de Svierler devenait commune à Nolot de Guiton, mais après deux années écoulées, le même Nolot de Guiton était substitué à Waltear et devenait en son lieu et place l'associé de Svierler. Au cas où « avant lesdits deux ans, ledit maître Jehan ne voulsist tenir les pactes et appoinctemens faitz entre luy et ledit Micheu, ledit Micheu de son bon gré recuille et assosie ledit maistre Nolot en la moitié desdits deux cens francs baillez par mesdits sieurs de la Ville, sans aucune difficulté ».

Dont acte fut dressé par Me Pierre du Bosc (*de Bosco*), notaire royal, le 16 décembre 1486.

En homme de précaution, Nolot de Guiton fait insérer au registre des protocoles du notaire une copie certifiée *de mot à mot* du contrat passé le 21 juin précédent entre Michel Svierler et les jurats (1), et rédiger à la suite par acte séparé les clauses et conditions de son association et participation aux gains de l'entreprise. Puis Michel Svierler signe par devant le même notaire une reconnaissance de « la somme de cinquante francs bourdelois, laquelle somme ledit de Guiton est pleges envers mesdits sieurs pour ledit Micheu. Et plus la somme de trente francs bourdelois, lesquelz ledit de Guiton lez y a baillez, du sien proupre [s'engageant] à les paier et rendre audit de Guiton du premier gaing qui sera en la marchandise ».

Six nouveaux mois s'écoulèrent et l'imprimerie ne fonctionnait pas encore en 1487, soit que l'outillage ne fût pas encore complété, soit pour toute autre cause. Nolot de Guiton qui avait déjà versé dans la commandite huit vingts francs

---

(1) L'original du contrat passé le 21 juin 1486 n'a pas été retrouvé. Nous ne le connaissons que par l'extrait de *mot à mot* fait par le notaire Du Bosc (ARCHIVES DÉPARTEMENTALES DE LA GIRONDE, nᵒˢ 170-1, fol. 174 du registre intitulé : *Secuntur carte recepte per me Petrus (sic) de Bosco, notarium regium, in anno Domini Mᵐᵒ CCCCᵐᵒ octagesimo sexto, regnante Karolo rege et Andrea archiepiscopo Burdegal.*).

(160 francs bordelais ; c'est-à-dire 3,600 francs de notre monnaie) demanda des comptes à Svierler.

Ce dernier ne parle plus de Jean Waltear, ni de ses « lettres d'estaing », mais présente un compte par lequel il aurait fait imprimer un bréviaire d'Auch tiré à sept cents exemplaires. Ce livre n'avait pas été imprimé à Bordeaux, mais à Poitiers. Le 7 juin 1487, « maistre Micheau Svierler, de la ville d'Orme en Allemaigne », déclare devant Pierre du Bosc, notaire royal ès pays de Guyenne, « qu'il avoit baillé et paié à maistre Etienne Sauveteau et Guillaume — (1), imprimeurs à Poitiers, la somme de cent francs tournois, ainsi qu'il appert, par cédules et quictances fêtes, à causa de ung certain marché entre eux feit entre lesdits imprimeurs et Micheau pour le nombre et quantité de sept centz bréviaires de l'ordre d'Aux, ainsi que dudit marché, entre eulx fait, appert par instrument receu par main de notaire, ainsi qu'il dit ».

Ce prix de cent francs bordelais (2,250 francs actuels) est très vraisemblable et n'a rien d'exagéré. Si l'on compare l'étendue du texte du Bréviaire d'Auch imprimé en 1530 à Auch même, on verra que le volume se compose de 54 feuilles ou cahiers. En retranchant une ou deux feuilles pour les quelques offices nouveaux ajoutés, on peut faire le calcul que le Bréviaire d'Auch imprimé à Poitiers pouvait former 52 ff. et une fraction, et que le prix de la feuille, composition et tirage, avec le papier et très probablement la reliure, tout compris, ressortissait à une cinquantaine de francs environ, à notre prix actuel. Les imprimeurs de Poitiers pouvaient d'autant mieux faire un prix avantageux que nous savons, de source certaine (2), qu'ils imprimaient en même

---

(1) Le nom est resté en blanc dans l'acte

(2) Cette édition du *Breviarium Pictavense* est absolument inconnue. Elle est imprimée dans le format petit in-8° en caractères gothiques à deux colonnes de 32 lignes à la page. Les types sont ceux du *Breviarium historiale* de Landulfe de Coulonne, premier livre imprimé à Poitiers en 1479. Nous ne connaissons ce Bréviaire de Poitiers que par des fragments que

temps pour leur propre compte un Bréviaire de Poitiers et qu'ils pouvaient, moyennant quelques remaniements, faire servir une partie de la composition du Bréviaire d'Auch dans celui de Poitiers et réciproquement. Il est des parties du Bréviaire qui sont à peu près les mêmes partout et peuvent se transporter dans d'autres liturgies.

Quant au reste de la somme qui lui a été prêtée, le libraire bordelais dit l'avoir dépensée en frais divers tant pour prendre livraison desdits bréviaires que pour les faire conduire et transporter à Auch. « Et le demourant de ladite somme de huyt vings francs ledit maître Micheu a dit et confessé qu'il avoit despendu et miz à la poursuite et diligence pour avoir et recouvrer lesdits bréviaires et les mener et conduire à Aux... »

Après le 7 juin 1487, date de ce nouvel acte, on n'entend plus parler ni de Michel Svierler ni de Jean Waltear, à un titre quelconque.

Feu Ern. Gaullieur, qui avait découvert ces documents, blâme Nolot de Guiton, qu'il compare à l'usurier Fust, l'homme cupide qui avait dépouillé Gutenberg du fruit de son invention, et l'accuse d'avoir été la cause de la non-réussite de Svierler. « Svierler, dit-il, qui, à ses risques et périls, apportait les importants secrets de l'imprimerie, se voyait condamné à ne retirer aucun profit de son labeur et se trouvait lié de toutes parts dans les clauses impitoyables d'un contrat que la nécessité l'obligeait d'accepter. » Selon lui, la Ville, faisant largement les choses, achetait quelques jours après le contrat passé avec Svierler deux maisons contiguës, avec les terrains nécessaires pour élever de nouveaux bâtiments, rue Entre-deux-Murs, dans l'intention d'y loger l'imprimeur. Svierler, ajoute-t-il, a dû former des élèves. Il argue de la présence d'un nommé Pierre Aysselin (*honorabilis vir Petrus Aysselin, in legibus*

nous avons découverts amalgamés avec des fragments également inconnus d'un Bréviaire d'Angoulême du xve siècle. Nous en parlerons plus amplement dans nos *Origines de l'imprimerie à Poitiers*, actuellement sous presse.

baccalarius) comme témoin, dans des actes d'août et décembre 1486, pour en faire un apprenti typographe, et va jusqu'à l'identifier avec Pierre Asselin ou Asselineau, imprimeur à Orléans, quinze ans après. Tout ceci n'existe que dans l'imagination d'E. Gaullieur.

Feu J. Delpit, dans ses *Origines de l'imprimerie en Guyenne*, a combattu ces hypothèses par trop hasardées et les a vivement critiquées. Selon lui, Svierler n'aurait été qu'un imposteur et « les imprimeurs ou prétendus imprimeurs de Poitiers dont Michel Svierler ne peut nommer qu'un seul, quoiqu'il eût, *ainsi qu'il dit*, passé avec eux des actes par main de notaires, peuvent très bien n'avoir pas plus existé que les bréviaires d'Auch et même que Jehan Waltear possédant des lettres d'étain ».

Il ne s'agit que de ramener les choses à leur véritable proportion.

Les imprimeurs de Poitiers ont bel et bien existé. Étienne Sauveteau, libraire-relieur à Poitiers, était ainsi que maître Guillaume intéressé dans l'imprimerie établie au Bourg Saint-Hilaire de Poitiers par Jean Bouyer, prêtre (1). Quant au bréviaire d'Auch de 1487, bien qu'on n'en ait pas encore retrouvé d'exemplaire, ce qui n'a rien de surprenant pour des livres de ce genre, son existence ne peut être mise en doute par suite de documents que nous avons récemment mis en lumière (2).

Les dernières conventions arrêtées entre Svierler et Nolot de Guiton le 7 juin 1487, relativement au partage des bénéfices à provenir de la vente des bréviaires après prélèvement des sommes avancées, avaient leur raison d'être et le gage du prêteur n'était pas simulé. Il était d'autant plus réel et effectif, comme Guiton, en homme rompu aux affaires, avait dû s'en assurer, que le même jour où ce nouvel accord interve-

---

(1) Voir *les Débuts de l'imprimerie à Poitiers*, par A. CLAUDIN. Paris, 1894, in-8°, pp. 16, 18 et 20.

(2) Voir *les Origines de l'imprimerie à Auch*, par A. CLAUDIN. Paris, 1894, in-8°, pp. 10, 13 et 14.

nait, le notaire, du consentement des parties, annulait l'acte précédent d'association du 16 décembre 1486 que celui-ci remplaçait, en mettant en marge du premier cette mention : « *Cancellata hec carta die* vii *mensis junii anno Domini M° IIII° LXXXVII°.* »

Que conclure de tout ceci, sinon que l'association projetée pour l'établissement d'une imprimerie à Bordeaux n'a pas été suivie d'effet, soit par la faute de Jean Waltear, qui ne tint pas son engagement et laissa Svierler dans l'embarras, soit pour toute autre cause qui nous échappe (1)? Les caractères d'étain que Waltear avait fait voir au libraire bordelais ne suffisaient pas pour monter un atelier, il fallait au moins une presse, des formes, un outillage complet dont il n'est question dans aucun acte, pas plus que de provisions de papier et d'autres fournitures. Svierler, quoique réduit aux expédients, paraît avoir été de bonne foi. Il n'était que libraire et n'apportait pas à Bordeaux « les importants secrets de l'imprimerie », comme l'écrit pompeusement Gaullieur. En 1486, l'imprimerie n'était plus un art secret. Dès 1476, on l'exerçait autour de Bordeaux, en 1476 à Toulouse et en 1479 à Poitiers. Svierler, ayant reçu la commande de l'impression d'un Bréviaire d'Auch, et voyant que le maître imprimeur sur lequel il avait compté n'était pas en mesure de l'exécuter, s'est adressé au plus près et traita en conséquence avec les imprimeurs de Poitiers. L'argent avancé par la Ville et par Nolot de Guiton servit à faire imprimer le Bréviaire, mais ailleurs qu'à Bordeaux. L'opération devait être avantageuse et la vente promettre de gros bénéfices pour que Nolot de Guiton ait consenti à faire ainsi novation à sa créance. On remarquera dans ce dernier acte qu'il n'est plus question de part quel-

---

(1) Peut-être même Waltear ne vint-il pas du tout à Bordeaux? Un fait à peu près analogue s'est passé à Milan en 1469-70. Un maître imprimeur d'Allemagne devait arriver à Milan avec douze compagnons pour faire des livres d'impression. On lui avait même préparé une maison. Ce maître allemand ne parut pas à Milan, on ne sait pourquoi (Voir Léon-G. Pélissier : *la Typographie à Milan, en 1469;* article inséré dans le *Bulletin du Bibliophile,* pages 408-412, livraison de septembre-octobre 1895).

conque de propriété dans les lettres d'étain apportées par Jean Waltear, mais d'une opération commerciale, de la vente des sept cents bréviaires et des profits à en retirer.

Les minutes du notaire ne mentionnent point les autres paiements que la Ville aurait eu à effectuer à partir du 24 juin 1487. Michel Svierler n'ayant pas pu remplir les clauses de son contrat pour l'établissement d'une imprimerie, la subvention cessait de fait et Nolot de Guiton ayant, comme il le savait bien, à tenir compte à la Ville de la somme avancée par elle dans ce but, prenait des arrangements avec son débiteur en acceptant en gage des marchandises de librairie. Ce n'est point là l'homme avide et impitoyable, tel que nous le dépeint Gaullieur, puisqu'il renonce à des avantages stipulés dans un acte précédent, qu'il fait annuler. De l'ensemble de ces faits ainsi précisés, nous devons conclure que l'imprimerie n'a existé qu'à l'état de projet en 1486-87 et qu'aucun livre n'a été imprimé à Bordeaux à cette époque.

Il faut nous reporter à une trentaine d'années en arrière pour trouver les traces d'une première imprimerie en Guyenne. Un professeur de grammaire, ancien correcteur d'imprimerie à Paris, sollicité par un de ses anciens élèves (1) dont nous ne connaissons pas le nom, mais qui devait avoir une position influente dans le pays, vint s'établir à La Réole. Nous avons déjà, dans la *Revue Catholique de Bordeaux* (n°s 18, 20 et 22, livraisons de septembre, octobre et novembre 1894), retracé sa vie et ses travaux. Jean Le More (*Maurus*),

---

(1) C'est ce qui paraît résulter d'un passage de la dédicace d'un livre de Maurus récemment découvert à Avignon : *Traductio vocabulorum de partibus edium ex Grapaldo*, 1518, pet. in-8°. Dans cette dédicace adressée à l'excellent maître Simon Porcheron, professeur très distingué de philosophie, il lui rappelle qu'il a été reçu par lui dans sa maison à Périgueux et s'excuse de ne pas avoir pu repasser pour le revoir. « J'avais, dit-il, formé le projet d'aller soit en Allemagne avec Erasme, soit en Italie avec de Longueil, si un certain jeune homme que tu connais et que j'aimais beaucoup, ne m'eût rappelé, hélas ! en Gascogne. » Maurus avait été retenu à Paris par la correction des épreuves d'une édition de Pline annotée par de Longueil. Cette édition parut en 1516 chez Jean Barbier dont il avait été le correcteur. Il partit aussitôt après pour la Guyenne.

de Coutances, abandonnait le métier un an après pour reprendre la toge de professeur.

Racte côtre la peste moult bon vtille et profitable faict et composé a la reqste de messigneurs les maire & soubf-maire et Iures de Bourdeaulx. Par maistre Gabriel tarague docteur en medicine. Dernierement imprime par Gaspard philippe demou-rant a la rue saincte Colombe. Auecques addicions faic-tes par ledessus. Lan mil cinq cens et. xix.

La peste régnait à Bordeaux. Un imprimeur, appelé ou subventionné selon toute apparence par les jurats désireux du bien public, comme leurs aînés de 1486, mit ses presses à leur disposition. Le premier livre qu'il imprima à notre connaissance fut un traité curatif contre l'épidémie régnante afin de donner confiance aux habitants et d'engager ceux qui avaient déserté la ville à y rentrer. L'auteur, Gabriel de Tarregua, était un docteur en médecine renommé, régent de l'Université de Bordeaux. Cet imprimeur venu de Paris se nommait Gaspard Philippe. Il établit son atelier rue Sainte-Colombe, devant l'église de ce nom. Le *Tracté* (sic) *contre la Peste moult bon utille et profitable faict et composé a la requeste de Messigneurs les maire et soubs-maire et jurés de Bourdeaulx par maistre Gabriel Tarague, docteur en medicine,* est daté de 1519; c'est un petit in-4 de 10 feuillets, en caractères gothiques, suivant fac-simile à la page précédente.

Dans la dédicace adressée à la municipalité de Bordeaux, l'auteur dit qu'il y a longtemps qu'il avait composé un traité sur la peste divisé en deux parties : « Messeigneurs, j'avoye escrit lonctemps a ung petit tracté (*sic*) de pestilence contenant deux parties, l'ungne estoit preservative et l'autre curative »; mais que cette année il a ajouté de bons remèdes : « J'ay ajousté ceste année aulcuns bons remèdes audict tracté (*sic*) moyennant lesquelz avecque l'ayde de Nostre Seigneur, chascun se pourra preserver des dictes fievres et peste. »

Le texte se termine au dixième feuillet verso, à peu près au quart de la page, et est suivi de la formule : *Laus Deo.* Au dessous on voit les armes de la ville de Bordeaux gravées sur bois et dont l'écu est retenu par deux lévriers. Au verso on trouve la marque de l'imprimeur dont nous donnerons plus loin la description. Pour remplir les blancs de la page, elle est entourée d'une bordure tirée d'un ancien livre d'heures représentant une scène de chasse. Les figures du compartiment du bas représentent les prophètes Jérémie et Ézéchiel. Cet opuscule de 10 ff. est formé par deux cahiers A et B. Le premier est par 2 (4 ff.) et le deuxième par 3 (6 ff.). L'exemplaire que nous avons vu et qui n'a été encore signalé par aucun bibliographe est unique. Il fait partie d'un recueil de la Bibliothèque Mazarine, n° 15,588, dont il forme la dernière pièce. Le papier n'a pas de filigrane.

Feu J. Delpit, dans ses *Origines de l'imprimerie en Guyenne*, cite comme première impression de Gaspard Philippe à Bordeaux une grammaire latine d'Antonio de Nebrissa dont

De verborum cõmunium cõstructione.ca.v.
De vocis diuersaꝝ geneꝛz:atꝗ sub eodẽ genere diuersaꝝ foꝛmaꝝ.cap.vi.
De verbis impersonalibus.capi.vij.
De infinitiuo capi.viij.
De gerundijs capi.ix
De supinis verbis capi.x
De participij constructione.capi.xi.
De nominis constructione cum alio casu cap.xij
De aliaꝝ partiu constructione capi.xiij.
        ¶ Liber quintus de prosodia.
De quibusdam regulis generalibus capi.pri.
De crementis nominum capi.ij.
De crementis verborum.capi.iij.
De primis syllabis.capi.iiij.
De medijs syllabis.capi.v.
De vltimis syllabis capi.vi.
De pedibus carminum.capi.vij.
De metris.capi.viij.
De accentis.capi.ix.
        ¶ Insuper adiecta sunt que sequuntur.
De nominibus grecis.
De ralatiuis.
De nominibus patronymicis.
De diminutiuis.
De comparatiuis ⁊ superlatiuis.
De aduerbijs localibus.
De figuris grammaticalibus.
De ordine partium orationis siue de constructione.
De punctis clausularum.
De accentu nominum hebraicoꝛ.
De differentijs quarundam dictionũ exceptti ex Laurẽtio Valla nonio
   marcello ⁊ Seruio honoꝛato scõm ordinem alphabeti dispositarum.
De nominibus magistratuum romanoꝛum.
De declinationibus et dictionibus grecarum ⁊ hebꝛeicarum.
De nominibus numeralibus.
        ¶ Finis tabule.

¶ Aelij Antonij Nebrissensis grammatici introductionum latinaꝝ vltï
ma recognitio finit feliciter Impressaꝗ fuit Bourdegal.per Gaspardũ
Philippe:coram tẽplo diue Columbe xmoꝛantẽ.Anno dñi.M.ccccc.xix.
Die 30.et vigilia Natiuitatis dñi.

il ne subsiste plus qu'un fragment que feu Michel Dupin, de La Réole, avait découvert collé contre le carton d'un registre de notaire. Cette production de la presse bordelaise porte comme date d'achèvement la veille et le jour de Noël 1519. Nous donnons à la page précédente le fac-similé de la dernière page de cette grammaire, contenant l'indication du lieu d'impression, le nom de l'imprimeur, sa demeure et la date du jour d'achèvement.

Feu Delpit n'avait pas connu le *Traité de la Peste* de Gabriel de Tarregua qui nous paraît avoir précédé la grammaire d'Ant. de Nebrissa, en raison des circonstances qui ont provoqué sa publication. Il serait même fort possible que les mots *dernièrement imprimé... avecques adicions faictes par le dessusdict* qu'on lit sur le titre indiquent une nouvelle édition, à laquelle l'auteur a ajouté les « aulcuns bons remèdes » dont il parle dans sa dédicace aux maire et jurats de Bordeaux. La planche des armoiries de la Ville qui se trouve à la fin porte à droite et à gauche dans les filets des traces de cassures qui prouvent qu'elle avait déjà servi à des tirages antérieurs. Gaspard Philippe étant imprimeur de l'Université stipendié par la Ville, tout porte à croire qu'il vint à la sollicitation du régent s'établir dans la capitale de la Guyenne et qu'il commença par imprimer ses ouvrages.

La grammaire de Nebrissa, comme impression bordelaise, aurait été encore précédée, mais de bien peu, par un catéchisme qui a disparu entièrement et dont il ne reste plus d'autre vestige qu'une page dite « de décharge » très pâle et à peine lisible, imprimée avec les mêmes caractères en travers de la seule feuille conservée de cette même grammaire qui était elle-même une feuille de rebut collée contre le carton d'un registre de notaire. Grâce à la complaisance de M. Daspit de Saint-Amand, de La Réole, possesseur actuel de ce précieux feuillet, qui a bien voulu nous le confier, nous avons pu l'examiner à notre aise et nous sommes arrivé à déchiffrer, non sans peine, cette épreuve informe dont voici les premières lignes :

Icy sont les Commandemens de dieu qu'il conuient
sauoir & garder. Qui ueult les tormens denfer eschaper
& en paradis auoir lieu. Et pour et en lhoneur d. iesus.

> Cures : vicaires : & maistres d'escole : Peres et
> mcres : parrains et marraines. Tous et toutes qui
> auez enfans : Faictes les a tous apprendre & garder.
> Affin q. vous soyez saulues. Amen iesus.

Nous n'avons pu lire le reste de la page, les caractères n'ayant pas reçu assez d'encre pour laisser une empreinte lisible. La page étant encore assez blanche, l'imprimeur, dans un but d'économie, l'a fait resservir pour tirer dessus et en travers dans un autre sens, une épreuve de la feuille de fin de la grammaire.

Le catéchisme a donc dû être tiré quelques jours avant la grammaire, sinon presque en même temps. Notons en passant qu'un collège de grammaire appartenant à la Ville, et fréquenté par de nombreux élèves, était installé rue Entre-deux-Murs (1). En imprimant une grammaire, Gaspard Philippe avait, pour ce genre de livres, un débit tout aussi assuré que celui d'un catéchisme diocésain.

L'année suivante, nous trouvons Gaspard Philippe occupé par un grand *labeur*. Gabriel de Tarregua lui fait imprimer ses œuvres en un volume in-folio divisé en deux parties. Nous allons en rapporter les titres exactement selon la disposition des lignes, mettant toutefois entre crochets les abréviations que ne peut rendre la typographie moderne. Les mots imprimés en *italique* dans notre copie sont imprimés en rouge dans l'original :

Su[m]me diversarum questionum medicina-

liu[m] per ordine[m] alphabeti collectaru[m] per mag[i]stru[m] Gabrielem de Taregua *doctorem regentem* Burdegale.

---

(1) Les actes d'acquisition par la Ville, le 30 juin 1486, des maisons et des terrains où fut établi ce collège ont été publiés par M. Gaullieur (Voir *l'Imprimerie à 'Bordeaux en 1486*, pp. 38-40). Si, comme il le conjecture sans aucune apparence de fondement, la Ville avait ménagé dans ces maisons un local pour l'imprimeur qu'elle subventionnait en 1486, nul doute que ce local n'eût été concédé au nouvel imprimeur qui arrivait de Paris et que Gaspard Philippe ne fût pas allé se loger rue Sainte-Colombe.

Aggregatio eiusdem *de curis* quaru[m]da[m] egritudinu[m] *per modum* summe
Textus Auice[n]ne per ordinem alphabeti in sente[n]tia per eumdem repor-
tatus cum quibusdam additionibus et co[n]cordantiis Galeni et quorundam aliorum doctorum.

Au dessous, on voit la même figure que sur le titre du
Traité contre la Peste. Debout, dans son observatoire, un
médecin tient une fiole qu'il mire de sa main gauche vers
les astres de la nuit. Dans l'angle d'un corridor ouvert, qui
conduit à la plateforme, un de ses élèves l'observe. Sur une
banderole qui se déroule à gauche, on lit cette inscription :
Astrologia medicine pars non minima. Cette figure est censée
représenter l'auteur. Au dessus, est imprimé en petites
lettres gothiques le nom de *Gabriel de Tarregua*. Est-ce
réellement le portrait du docte régent comme le pensait feu
Delpit? Nous ne saurions rien affirmer à cet égard.

Cette figure du médecin consultant les astres est suivie de
la marque de Gaspard Philippe, la même que celle dont il se
servait dans les derniers temps de son exercice à Paris (1) et
qui figure sous le n° 111 du recueil des *Marques typographiques* de Silvestre. Elle représente un arbre aux branches
duquel est suspendue par une courroie une *targe* ou écusson
renfermant le chiffre ou monogramme de l'imprimeur, surmonté d'un 4 de chiffre avec croix de la résurrection. Deux
dauphins couronnés sont placés à droite et à gauche de
l'écusson. Dans une banderole enroulée au pied de l'arbre
au milieu d'arbustes, se lit en lettres gothiques le nom de
Gaspard Philippe. Cette marque est sur fond criblé et le
nom de l'imprimeur se détache en rouge dans le livre de
Tarregua.

Le lieu et la date de l'impression sont indiqués par ces
lignes imprimées au dessous :

Impressuz est hoc opus et co[m]*pletu*[m] Burdegale
decima octaua die *me*[n]*sis* decembris anno Cristi

(1) Gaspard Philippe s'est servi à Paris de trois marques différentes qui
sont reproduites dans Silvestre sous les n°s 110, 111 et 116.

millesimo quinge[n]tesimo vicesimo *Per* Gaspardu[m] Philippum calcographum prope Sanctam Columbam morantem.

Cu[m] priuilegio cAd trie[n]niu[m]
Vt in fine sequentis tabule.

Ce premier titre imprimé en rouge et noir est encadré de bordures rapportées, formées en partie par de petites vignettes de saints gravées sur bois ou sur métal en relief, cinq de chaque côté, provenant d'un matériel ayant déjà servi que l'imprimeur avait amené avec lui de Paris.

Au *verso*, on trouve une dédicace de l'auteur à Bertrand d'Estissac, gouverneur de la province d'Aquitaine pour le roi et aux maire, sous-maire et jurats de la ville de Bordeaux, ainsi conçue : « *Gabriel de Tarrega, domino Bertrando de Stissaco baroni equiti generoso totiusque Aquitanae serenissimi Francorum Regis locum tenenti, Burdegalensis ciuitatis majori dignissimo, domino submajori ceterisque juratis S. P. D...* Les pièces préliminaires, avec le privilège, occupent un cahier *quinternion* (par 5, formant 10 feuillets), avec le signe † pour signature. Le texte proprement dit des *Questiones* de Tarregua ne commence qu'au cahier suivant portant la signature A. Les cahiers se suivent jusqu'à N en *quaternions* (par 4) et le cahier O est un *ternion* (par 3). Au 5e feuillet *verso* du cahier, 2e colonne, après une question commençant par le mot *Queritur* (1) à la 4e avant-dernière ligne, la fin est annoncée de cette

---

(1) Le mot *Queritur*, qui commence tous les chapitres des *Questiones*, se répète à chaque instant. Feu Delpit, qui n'était pas un professionnel et n'avait pas assez de connaissances techniques en typographie pour pouvoir expliquer certains détails de métier, dit ceci (*Origines de l'imprimerie en Guyenne*, page 23) : « Il est certain que l'imprimerie de Gaspard Philippe était munie d'un matériel typographique très considérable, car le premier des trois ouvrages que contient ce volume est divisé en chapitres excessivement nombreux, plus de mille; et comme tous ces chapitres commencent par le mot *Queritur*, formé par une grande initiale gravée, il a fallu une énorme quantité de la même lettre initiale, pour imprimer si rapidement un ouvrage aussi considérable. » — Le matériel de lettres ornées ne se reproduisait pas comme de nos jours par le clichage. L'imprimeur a employé tout au plus dix à onze lettres ornées et historiées différentes. Ces lettres étaient

manière : *Et sic finis hujus aggregationis per ordinem alphabeti decima Februarii anno Nativitatis Domini*

de différents corps et de tous styles. Il a employé aussi des lettres tourneures et d'autres lettres lesquelles retournées ressemblaient quelque peu à la lettre Q comme un D et un G, sans même s'inquiéter des figures qu'elles représentaient et qu'il a mises la tête en bas, et les a placées en les *parangonnant* dans le côté de la forme qui était sous presse. De plus, des initiales du côté de *seconde* étaient *bloquées*, c'est-à-dire que l'espace était réservé pour être rempli après le tirage de la forme précédente, aussitôt le matériel libre. Grâce à cet artifice, Gaspard Philippe a pu répéter à mesure et un nombre considérable de fois, la lettre dont il avait besoin au commencement de chaque question. Pour mieux faire comprendre cet emploi de lettres retournées figurant la lettre Q, nous reproduisons ci-dessous dans le sens où il les a imprimées toutes les variétés de lettres Q ou similaires qui se trouvent dans le volume, à l'exception toutefois des lettres tourneures qui étaient fondues comme les autres lettres du texte et dont il avait en quantité suffisante.

M.CCCCC.XX, in civitate Burdigalensi ad laudem Dei omnipotentis et utilitatem juvenum.

FINIS.

Au dessous une croix entre deux étoiles et deux fleurs de lis, figurée par de petites croix de Malte :

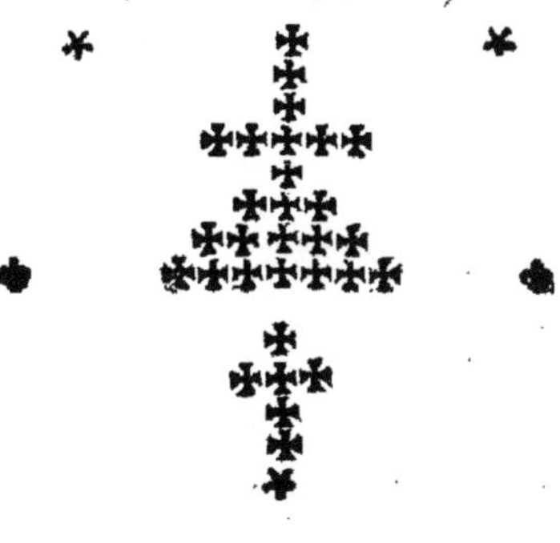

Le 6ᵉ et dernier feuillet du cahier est entièrement blanc.
Ce premier ouvrage contient cvi ff. chiffrés à partir du
cahier A.

Le titre et les préliminaires forment 10 ff. non chiffrés,
comme nous l'avons indiqué plus haut.

De doloribus iuncturarum. Fo. lxiii.

facta prius embrocatione cum oleo rof. aut fiat
cataplafma cum vino rn. addit. duobus vitell.
ouorum et infpiffat ad ignem.

¶ Materie fluentis et fluxe in augmento gu-
bernatio pro feptia intentione complenda pfi-
citur cum repercutientibus et refoluentib⁹ fi-
mul mixtis et taliter proportionat. vt de appo
ftematibus fcribitur fcóm q materia eft magis
in fluxu q fluxa vel econtra.

¶ Confequenter materia iam fluxa competat
ea que ipfam refoluunt et exuccant incipien-
do a debilioribus et procedendo ad fortiora. Nã
propter indebitam refolutionem fepe numero refoluitur fubtile remanente groffo.

¶ Refoluentia et confortantia iucturas funt
diuerforum modorum. Nam poteft copleri hec
intentio per fomentationefet balnea et per
vnguéta olea cataplafmata cerota ⁊ huiufmo
di vt confiderati notú eft de quibus etiam fcri-
ptum eft in capfo de paralifi. Item valet vn-
guentd de ranis. Item fingulariiuuaméto co
fert in declinatione ad refoluend et exuccand
materiam flegmaticam fpongia infufa in ace
to deind expreffa. Poftea iterum infufa in oleo
camomille aut de lilio vel alio fcóm intentioné
operand. ⁊ cófequéter facta expreffióe applicet
loco dolenti iftud eft remedium Aui. de cura ap
poftemat flegmaticorum quo fepe numero ego

vfus fum et inueni iuuamentú laudabile. Item
valet emplaftrum partim ad mollificand et pa-
tim ad refoluend vt fequitur.

¶ R. faluie melliff. fanfucz calaméti vtriufqȝ
ceurarec herbe paralif p. yue arthetice ppicóis
ãn. iiij. ſ. floꝛ anthos vtriufqȝ fricad camomille melliloti. ãn. ꝶ. i. feinis iunipi bacha⁊ lauri
ãn. ʒ. iij. feis fenugrecȝ et lini. ãn. ʒ. i. maff. em
plaftri d iaquilonis magni et cóis maff. empla
ftri de melliloto. ãn. ʒ. i. ſ. vnguenti aragon et
marciato. ãn. ʒ. ſ. olei de fpica vulpini fambucȝ
et terbentine. ãn. ʒ. i. puf. purö cu cera qd fuff.
ad incorporand fiat maffa pro emplaftȝ fiend.
Poteft etiaȝ confumi materia i declinatione p
medicinas interius fumptas vt funt tiriaca ma
tridarum et fimiles opiate et confectiones vt
electuaria et huiufmodi. Item valent a pro-
prietate offa hominis vt in repertorio dictú eft.
Item valet iuuamento maximo vfus terbenti
ne a bies et eu vió cum reliquis fuis locȝ qñ re-
media funt ampliffima.

¶ Et fic imponitur finis pro nunc huic aggre
gationi anno domini. M. ccccc. xx. in ciuita-
te Burdegal. ad laudem illius qui cunctos fa-
nat langoꝛes ⁊ iuuenum medicoꝛú vtilitatem.

Vient ensuite un second ouvrage avec le titre courant de :

TABULA

suivi de ce titre de départ :

Gabrielis de Taregua in medicina doctoris aggregatio perutilis de curis quaru[m]dam egritudinum
p[re]misso trinitatis auxilio feliciter incipit et primo.

Cette page n'est imprimée qu'à moitié. Elle est à 2 colonnes sauf le titre ci-dessus qui est à longues lignes. Le texte de l'ouvrage commence au *verso* et est disposé à 2 colonnes. Les cahiers avec signatures de lettres redoublées sont de AA à HH par 4 (*quaternions* de 8 ff. chaque). Le texte finit au *recto* du folio LXIIJ, chapitre : *De doloribus juncturarum,* vers le milieu de la page, par ce colophon : *Et sic imponitur finis pro nunc huic aggregationi anno Domini M.CCCCC.XX. in civitate Burdegalensi ad laudem illius qui cunctos sanat langores et juvenum medicorum utilitatem.*

Voir en face le fac-simile de cette dernière page.

Le verso de ce feuillet est blanc.

Voici maintenant le titre de la partie qui contient les œuvres d'Avicenne, avec les concordances de Galien et les additions faites par Tarregua.

TEXTUS PRINCIPIS AUICE[N]NE P[ER] OR-

dinem alphabeti in sententia reportatus
cum quibusdam additionibus et concorda[n]-
tiis Galieni et quorundam aliorum doctorum per magistru[m] Gabrielem de Taragua
doctorem regentem burdegale.

Au dessous une gravure sur bois représente un docteur assis écrivant dans son cabinet. Cette planche avait déjà été employée par Gaspard Philippe à Paris ; nous aurons occasion d'en reparler plus loin et nous en donnerons alors le fac-simile.

Ce titre d'Avicenne est entouré comme le premier d'une bordure formée de 22 petites figures de saints et autres personnages bibliques.

Le texte de cette troisième et dernière partie commence au dernier tiers de l'avant-dernière page (cotée LIX au *recto*) et se continue au verso. Elle est disposée à 6 colonnes et se termine par le mot :

FINIS.

La date d'achèvement est précédée d'un avis de l'éditeur au lecteur par lequel il déclare qu'en faisant imprimer pour la première fois à Bordeaux le texte d'Avicenne, il ne faudra pas se formaliser s'il n'a pas été exactement expurgé de quelques petites fautes par suite de l'insuffisance de l'imprimeur et du correcteur qui l'a assisté dans son travail. « Nous avons préféré, dit-il, laisser paraître l'ouvrage tel quel, plutôt que de faire attendre encore de longs mois et priver la jeunesse studieuse d'un aussi beau présent (1). »

La susdite troisième partie se compose de LIX feuillets chiffrés avec signatures de *a* à *g* par *quaternion* et *h* en *ternion*. Les trois parties réunies forment un volume petit in-folio de 240 feuillets, y compris le feuillet blanc à la fin de la première partie. Le corps du volume est disposé à 2 colonnes de 60 et 61 lignes par page pleine. Le texte est imprimé en caractère gothique de 8 points, de forme un peu carrée, dénommé « petite lettre de somme », le même que Gaspard Philippe a employé pour la grammaire d'Ant. de Nebrissa et dont nous avons déjà donné un spécimen. Le filigrane est une tête de bœuf ou de taureau avec cornes écartées en demi-cercle, quelquefois avec une croix au dessus de la tête. On trouve différents types de ce filigrane dans le cours du volume. Cette marque de papier sans la croix se retrouve, avec quelques variantes, dans les impressions de Périgueux. Dans quelques cahiers on trouve divers types d'une guivre ou serpent à écailles avec aigrette sur la tête, marque que l'on rencontre à partir de Limoges et d'Angoulême et qui se trouve communément dans les papiers de la région du Sud-Ouest.

Le seul exemplaire de cette édition du recueil de Tarregua se trouve à la Bibliothèque Nationale sous la cote T²⁶i. Il

---

(1) « Habes, charissime lector... textum Avicenne per ordinem alphabeti Burdegale primo impressum... Non igitur oro murmure livido quispiam labatur si opusculum presens non sit in prima sua impressione quibusdam mendulis expurgatum, impressoris aut assistantis correctoris defectu. Melius namque duximus quod hoc opusculum tali modo ad juvenum utilitatem maneret impressum quam quod idem longo dierum curriculo hoc munusculo carerent... »

provient ae la bibliothèque formée au xviiiᵉ siècle par le médecin
Falconet, dans le catalogue duquel il figure au nº 4950, sous
le nom mal lu de *Categua*.

II

Les antécédents de Gaspard Philippe, le premier imprimeur bordelais. — Son successeur. — Les débuts de Jean Guyart. — Le bréviaire de Saint-Seurin. — Le Recueil des œuvres médicales de Tarregua, modifié et complété.

Après 1520, le nom de Gaspard Philippe ne paraît plus sur aucun livre. C'est ici le lieu de parler de ce typographe et de donner quelques détails sur sa personne avant son arrivée à Bordeaux.

Gaspard Philippe, ainsi que nous l'avons déjà dit, venait de Paris. Il était, selon toute probabilité, fils de Laurent Philippe, imprimeur, qui avait son atelier rue Galande, devant Saint-Blaise. Ce dernier est connu par un livre d'Heures illustré daté du 10 juillet 1493 (1). C'est en 1499 et non en 1490, comme l'a avancé par erreur J. Delpit, que Gaspard Philippe monta son premier atelier à Paris. Ce bibliographe déclare que « malgré d'assez longues recherches (2) » il n'a trouvé le nom de cet imprimeur que sur trois ouvrages depuis l'époque qu'il cite jusqu'en 1510.

Les listes de Panzer sont plus complètes. On y trouve énumérées huit impressions sorties de ses presses, et l'une d'elles recule de deux ans, en 1512, la période de l'exercice de Gaspard Philippe dans la capitale. Hâtons-nous de dire

(1) Brunet, *Heures*, n° 338. — Parmi les bois que Gaspard Philippe apporta à Bordeaux, on remarque précisément des fragments de bordures de livres d'heures que nous n'avons pu encore identifier. — Il ne faut pas confondre Gaspard Philippe avec un autre imprimeur du nom de Jean Philippe. Ce dernier était Allemand et originaire de Cruzenach. Il travaillait concurremment avec Gaspard Philippe et exerça à Paris une vingtaine d'années, de 1492 à 1512.

(2) *Origines de l'Imprimerie en Guyenne*, page 20.

en même temps que le bagage typographique de notre imprimeur est beaucoup plus considérable. Nous en dresserons la
liste quelque jour ; pour le moment nous nous contentons
d'affirmer qu'outre plusieurs livres portant son nom ou l'une
de ses marques, et que Delpit n'a pas connus, Gaspard
Philippe en a imprimé beaucoup d'autres pour le compte de
grands éditeurs de Paris, notamment pour Jean Petit et
Denis Roce, et que ceux-ci ne lui ont pas toujours laissé
mettre son nom sur les produits de son atelier. Il en résulte
que le plus grand nombre des *labeurs* qu'il a imprimés à Paris
ne peuvent être identifiés que par un œil exercé, en comparant
les diverses sortes de caractères dont il se servait alors, ainsi
que ses lettres ornées et son matériel d'illustration.

Gaspard Philippe a fait usage à Paris de trois marques
différentes. La première et la plus ancienne est ainsi décrite
par Mercier de Saint-Léger (1) : « Un grand chiffre formant les
lettres Jhs. Ma. (*Jhesus Maria*), et au dessous, en lettres plus
petites : G. Phi. (initiales de ses nom et prénoms). Autour on
lit la légende : *Oderunt peccare mali formidine pæne.* » Le
monogramme de Jésus et de Marie est en outre surmonté
d'une couronne. Cette marque est reproduite dans le recueil
de Silvestre, n° 110. La deuxième marque, beaucoup plus
petite, se compose d'un écusson avec le monogramme Ihs. et
Ma. disposé autrement. Au haut de chaque côté, les initiales
G. P. (*Gaspard Philippe*). Elle est représentée dans Silvestre
au n° 1160. La troisième et dernière marque est sur fond
criblé. Elle est figurée dans Silvestre au n° 111. Nous l'avons
déjà décrite page 18.

Pour expliquer la présence des deux dauphins couronnés,
l'imprimeur mit au dessous ces vers qui sont rapportés par
La Caille (2) :

*Gasparus hic reliquis Delphin. insigne coronam
Pergerit : hec tanta nobilitate virens*

(1) Notes inédites à La Caille (*collection Claudin*).
(2) *Histoire de l'Imprimerie et de la Librairie.* Paris, Jean de la Caille,
1689, in-4°.

Ærea constituit crebris dare signa libellis
Quos relegant et ament pectora docta, monet.

Cette marque que nous appellerons la marque « aux dauphins » le suivit à Bordeaux. On la retrouve sur le titre du Recueil de Tarregua de 1520-21, mais les quatre vers que nous venons de citer ne sont pas reproduits (1). L'adresse de Gaspard Philippe à Paris est ainsi indiquée à la fin du *Chasteau de Labour* de Pierre Gringoire : « *en la rue Sainct Jaques, à l'enseigne des trois Pygeons* (2). » Parmi les bois gravés qu'il apporta de Paris à Bordeaux, on remarque la figure qui représente un docteur assis écrivant dans son cabinet. Elle se voit sur le titre de l'Avicenne publié à Bordeaux (Voir page 23) et avait déjà été employée au verso du feuillet

(1) La marque de Gaspard Philippe « aux Dauphins » a été contrefaite à Rouen. Elle fut prise par Raoulin ou Raulin Gaultier, libraire établi dans la rue Potard, paroisse de Saint-Martin du Pont, près l'enseigne du Fardel, dès 1507. La marque du libraire rouennais est copiée exactement sur la première, avec la seule différence que la couronne qui figurait au-dessus de chacune des têtes des dauphins est supprimée, et que le monogramme ainsi que le nom sont changés, comme on peut le voir sur le titre de l'ouvrage suivant : *Theodolus cum commento*, imprimé le 5 avril, avant Pâques, par Pierre Olivier, pour le compte de Raulin Gaultier, in-4°. (Voir aussi Silvestre, *Marques typographiques*, n° 197.)

(2) Cette maison avait été précédemment occupée par l'imprimeur Denis Mellier. Selon l'archéologue parisien A. Berty (*Annuaire du Bibliophile*, 2ᵉ année, 1860, p. 118-119), elle « doit être la même que celle des *Trois Coulons*. Elle s'appelait la maison *du Coulon* en 1380, et la maison *aux deux Coullons* en 1320. Pour celui qui remontait la rue, elle était la troisième avant la maison faisant le coin septentrional de la rue du Cimetière Saint-Benoît, dans lequel elle aboutissait. Elle formait la limite du collège de Cambrai, tenait vers le nord à la maison de la *Housse-Gilet* et vers le sud à la maison dite l'*Hôtel de l'Étoile* ou *de la Couture* ».

Dans un traité latin de *Jac. Lupus Rebellus* intitulé *Fructus sacramenti penitentie*, petit in-8°, imprimé le 2 avril 1502 pour Denis Roce, Gaspard Philippe désigne ainsi sa demeure : « *cujus edes Trium signo Columbarum in divi Jacobi regione designantur.* » Les Trois Pigeons ont changé de sexe en latin et sont devenus les Trois Colombes. Est-ce en réminiscence de cette enseigne que notre imprimeur choisit l'emplacement de son atelier à Bordeaux en face de l'église portant le nom de Sainte-Colombe? Est-ce plutôt une simple coïncidence? C'est ce que nous ne saurions dire.

de titre de la *Pragmatique Sanction* qui fut achevée
d'imprimer à Paris le XIIe jour d'avril 1508 par Gaspard
Philippe pour Martin Alexandre « et ses consors ». Nous
donnons ci-dessous le fac-simile de la page qui contient cette
gravure (1).

(1) Le bois porte des traces de détérioration lors de son emploi à Bordeaux.
On y remarque une cassure dans le filet du bas, vers la gauche, et dans le
coin supérieur, du côté droit.

Bien qu'on n'ait pas encore cité de livres imprimés à Paris par Gaspard Philippe après 1512 (1), il est très probable qu'il exerçait encore dans cette ville après cette date. Nous croyons qu'il se transporta lui et son atelier à Bordeaux vers 1517 ou 1518, peu de temps après que Jean le More de Coutances, ancien correcteur d'imprimerie à Paris, avec lequel il a pu être en relations, fut venu s'établir comme imprimeur à La Réole, en Guyenne.

Gaspard Philippe eut pour successeur Jean Guyart. Ce dernier était établi à son compte le 28 mars 1521 (1520, v. s.), car nous le voyons à cette date passer contrat avec François Morpain, fils de Colas Morpain, de la paroisse de Saint-Vincent d'Ivrac, Entre-deux-Mers, pour lui apprendre l'imprimerie (2). Il épousa ensuite Gillette Moline, la veuve de son prédécesseur (3).

On ne connaît pas de livres imprimés par Jean Guyart

(1) Le catalogue de la vente L. Piret, faite à Bruxelles, du 3 au 11 novembre 1892, par le libraire E. Deman, annonçait, sous le n° 98, un recueil de traités de jurisprudence : *Flores legum. — Modus legendi abbreviaturas in utroque jure, etc.*, petit in-8°, gothique, indiqué comme étant sorti des presses de Gaspard Philippe à la date de 1515. Nous avons fait acheter le volume et, vérification faite sur l'original, cette date de 1515 était erronée. C'est 1505 qu'il fallait lire. La date est énoncée en toutes lettres dans le colophon : *Parisius, impressus per Gaspardum Philippe, anno Domini quinquagentesimo quinto, XXI die mensis martii.* Sur les titres de chacun de ces ouvrages se trouvait la marque de Jean Petit pour le compte duquel l'édition avait été imprimée. Elle n'est pas citée par J. Delpit.

(2) Moyennant huit boisseaux de froment, sire Jean Guyart, maître imprimeur, s'engageait à apprendre l'imprimerie à François Morpain, à le nourrir, chausser et coucher pendant trois années et à lui donner après son apprentissage une paire de chausses de la valeur d'un écu d'or (Archives du département de la Gironde, E, *Minutes du notaire Brunet*, lxviii, 7).

(3) Voir Delpit, *Origines de l'Imprimerie en Guyenne*, page 24. On y trouve cité le testament d'honnête femme Gillette Molines, veuve de Gaspard Philippe et femme de Jean Guyart, à la date du 18 juillet 1526. Nous y apprenons que Gaspard Philippe avait été enterré dans une des chapelles de l'église Sainte-Colombe et qu'il avait laissé quatre enfants de son mariage : deux garçons, Étienne et Jean, et deux filles, Héloïse et Genevoise.

avant 1524. La bibliothèque du Grand Séminaire de Bordeaux
possède sous la cote B, 32062, un bréviaire de Saint-Seurin
de Bordeaux, de format petit in-8°, qui pourrait bien avoir
été imprimé dans cet intervalle. L'impression, à deux colonnes
de 35 lignes à la page, est exécutée avec le petit caractère
gothique carré de la grammaire d'Antoine de Nebrissa et du
texte de l'*Aggregatio* de Tarregua. Les lettres ornées que
nous avons examinées et minutieusement comparées sont
exactement les mêmes que celles qui étaient employées dans
l'atelier de Gaspard Philippe. Il ne peut donc y avoir de
doute sur la provenance de ce bréviaire qui est évidemment
sorti des presses bordelaises. L'exemplaire unique jusqu'à ce
jour est malheureusement incomplet et n'a ni titre, ni
colophon qui puisse nous renseigner plus amplement et
nous fixer sur la date de son impression.

Il ne commence qu'au 2e feuillet portant au bas la signature *ij, et débute à cet endroit par le calendrier qui est
complet et occupe 6 feuillets. Le cahier ainsi signé par une
étoile * était un *quaternion* de 8 feuillets. Le 1er feuillet
contenait le titre qui est absent; le 8e feuillet correspondant
suit le calendrier; il est blanc au recto et la page suivante au
verso contient dans un encadrement en forme de portique
gothique une figure représentant l'Annonciation, avec une
légende imprimée en trois lignes d'après le fac-simile de
la page suivante.

Les cahiers *a* et *b* qui commençaient le texte de la première
partie du bréviaire manquent. Ils comprenaient 16 feuillets.
L'imprimé ne commence qu'au feuillet numéroté xviii, et
va jusqu'au feuillet cxxx. Il y manque le feuillet xvii et le
correspondant (xxiiii). Puis, le texte saute au feuillet clxxxiii
qui est suivi d'un autre feuillet coté clxxxiiii. Au verso de
ce feuillet, à la première colonne, au bas de la page on lit cet
explicit imprimé en rouge et noir (1) :

Explicit d[omi]nicale secu[n]du[m]
Vsum et ritu[m] insignis eccl[es]ie

---

(1) La partie imprimée en lettres *italiques* est en rouge dans l'original.

*diui Seuerini burdegale de
nouo correctu[m] et emendatuz.
Andree festo proximior
ordine quouis Adue[nt]um d[omi]ni
prima colit feria.*

Finis.

La deuxième colonne commence par le *Gloria in excelsis*
suivi du *Credo*, lequel se continue au folio suivant qui n'est
pas chiffré. Après le *Credo* viennent divers rappels et recom-

mandations aux prêtres pour les offices. Le texte de cette première partie du bréviaire se termine à la dernière colonne qui n'a que 8 lignes par ces mots qui règlent la tenue du prêtre (1) :

> Sit mens sublimis, pes iu[n]-
> ctus, vultus in ymis.

La deuxième partie du bréviaire de Saint-Seurin de Bordeaux se compose du Psautier qui ouvre un nouvel ordre de signatures en lettres capitales de l'alphabet. Il commence par cet intitulé qui est imprimé en rouge au haut de la première colonne :

> *In nomi[n]e d[omi]ni nostri iesu*
> XPI. *Feliciter incipit ordo*
> *psalterij s[e]cund[u]m more[m] et ritum*
> *insignis ecclesie secularis et*
> *collegiate diui Seuerini bur=*
> *degale.*

Voici, du reste, ci-derrière un fac-simile de la première page de cette seconde partie. On y remarque une lettre P ornée que nous retrouverons plus tard dans le matériel de Guyart.

La partie du Psautier est foliotée de I à LXXVI ; le reste manque (2).

---

(1) Voici la collation exacte de la partie du *Dominicale* : * par 4 (le premier feuillet manque ; *a* et *b* par 4 (manquent); *c* par 4 (*cj* et le feuillet correspondant manquent): *d, e, f, g, h, i, k, l, m, n, o, p,* sont tous par 4 ; *q* (folio CXXX), un seul feuillet subsiste. Les 3 derniers feuillets du *Dominicale* : CLXXXIII, CLXXXIIII, et le suivant, non chiffré, sont les derniers feuillets d'un cahier dont nous n'avons pas la signature.

(2) Collation de cette partie: A par 4; B par 4 (manque le folio XI); C, D, E, F, G, H, I, par 4, mais les 4 premiers feuillets seulement. finissant au feuillet LXXVI. La suite manque.

Duleis oleous ao tenutitas.   Fo. primo.
¶ In nomine dñi nostri iesu xpi. Feliciter incipit ordo psalteru secdm morē et ritum insignis ecclesie secularis et collegiate diui Seuerini buedegale. Et primo i die dñica Inuitatoriū Dñm qui fecit nos venite adoremus. ps. Venite exultemus. hymn?

Rimo dierz.oiz quo mundus extat cōditus:vt quo resurgens editor nos morte vitaliberet.
Pulsis procul torporibus: surgamus oēsocius:a nocte queramus psñ:sicut prophetam nouimus.
Nostras preces vt audiat: suamqz dextram porrigat:et expiatos sordibus:reddat polorum sedibus.
Ut quicqz sacratissimo:hui? diei tpe:horis quieti psallimus:donis beatis muneret.
Iam nūc paterna claritas:te postulamus affatim:absit libido sordidans:omnisqz actus noxius.
Defeda sit vel lubrica:conpago nostri corporis:p quam auerni ignib? ipsū crementur acrius.
Ob hoc redemptor quesum?:

vt probra nostra diluas:vite perēnis commoda;nobis benigne conferas.
Quo carnis actu exules: effcci ipsi celibes:vt prestolamur cernui:melos canam? glorie. hilarg hostē
Presta pater piissime:pētiqz compar vnice:cuz spiritu paraclito:regnãs per omne seculum. Amen. Hymnus.
Octe surgētes:vigilemus omnes:semper in psalmis: meditemur atqz viribus totis:domino canam?: dulciter hymnos.
Ut pio regi:pariter canentes:cum suis sanctis:mereamur aulā:ingredi celi:simul et beatā:ducere vitam.
Preset hoc nobis : deitas beata:patqz nati:pariterqz sancti:spūs ei?:reboati oiz gloria mundo. Amen. Ihs. Pro fide meritis. ps. primo?
Eatus vir qui non abiit in consilio impiorum:z in via pctōrum nō stetit:ai cathedra pestilentie non sedit.
Sed in lege domini voluntas ei?:z in lege ei? meditabitur die ac nocte.
Et erit tanqz lignū qd plantatū est secus decursus aquas

Le Propre des Saints forme ensuite une troisième partie dont le titre de départ est imprimé en rouge :

Incipit Sanctorale
secu[n]du[m] ritu[m] insignis ecclesie
secularis et collegiate sancti
Seuerini...

Cette partie a des signatures en lettres capitales tourneures comme on peut le voir au bas de la première page que nous reproduisons ci-dessous en fac-simile. La petite vignette qui se trouve au commencement du texte est agencée de façon à être tirée partiellement en chromotypographie, en rouge et noir; les rayons de feu au dessus de la tête du saint apparaissent en rouge.

Le texte du *Sanctorale* va du folio ɪ à ʟvɪ inclus. Une grosse lacune vient après le texte qui ne reprend qu'au folio cɪɪ, suivi de deux autres feuillets (cɪɪɪ et cɪɪɪɪ). Puis le texte manque jusqu'au folio cxl. Ensuite, une autre lacune et le texte ne reprend qu'au folio clxxxiii. Immédiatement après, commence un nouveau foliotage qui est amené par une nouvelle division : le *Còmmune Apostolorum* dont le commencement est inséré à la 6e ligne de la page précédente, *verso* du folio clxxxiii. Ce foliotage va de i à xxi. Le *Commune Apostolorum* finit à la 2e colonne du folio xiiii par ces mots en rouge : *Finit Com[m]unis.* Au verso de ce feuillet on trouve l'office de la Vierge : *Incipit officiu[m] b[ea]te Marie.* L'office de la Vierge est suivi de l'office de saint Seurin se récitant au mois de mars qui commence au folio xxi, *recto*, 14e ligne de la 2e colonne, par cet intitulé en rouge :

> *Sequit[ur] officium sancti sc=*
> *uerini qz dicitur diebus mar=*
> *tis q[u]n no[n] cadit festu[m] ab octa=*
> *uis epiphanie vsqz ad feriam*
> *quartam cinerum et ab octa=*
> *uis corporis* XPI *vsqz ad ad=*
> *uentum.*

Le texte de cet office de saint Seurin finit au bas de la 2e colonne *verso* de ce même feuillet et est suivi d'une observation rappelant une modification qui se fait lorsque ledit office de saint Seurin tombe pendant la semaine de Pâques, comme pour la fête de saint Georges, *vt i[n] festo s[an]cti Georgii.* Le texte ne va pas plus loin (1).

Rien, absolument rien, ne nous vient en aide pour déterminer la date de ce bréviaire. Est-ce une production de Gaspard

---

(1) Voici la collation de la troisième et dernière partie : A, B, C, D, E, F, G, par 4; folios cii, ciii, ciiii, faisant partie d'un cahier dont nous n'avons pas la signature; S, par 4 (les premiers feuillets seulement numérotés cxxxvii, cxxxviii, cxxxix et cxl). — Ici une lacune. — Folio clxxxiii, cahier CC, par 4; — folio viii, cahier DD, par 4; EE, par 4. Aux feuillets cxxvii-cxl se trouvent les hymnes propres, antiennes et répons que l'on récitait le jour de la fête de saint Seurin. Ce texte a été reproduit par M. l'abbé E. Allain, pages 614-627 de la *Revue Catholique de Bordeaux* de 1895 (n° du 25 octobre).

Philippe ou de Jean Guyart? Nous ne saurions le dire d'une façon positive. Quelques lettres ornées nous ont paru cependant plus usées dans le bréviaire que dans le *Tarregua* de 1520. Nous avons incliné à mettre le bréviaire de Saint-Seurin plutôt à l'actif de Guyart qu'à celui de son prédécesseur, par le motif que les derniers temps de l'exercice de Gaspard Philippe ont dû être surchargés par l'impression des œuvres de Tarregua, qu'il n'a peut-être pas terminée en entier lui-même, si nous faisons attention à ce fait que la copie de l'*Aggregatio* n'a été achevée que le 10 février 1520 (1521, nouveau style), ainsi que l'indique le *colophon* de cette partie de l'ouvrage, et que Guyart était déjà à la tête de l'imprimerie, le 21 mars de la même année, comme nous l'avons rapporté plus haut. Faut-il assigner à ce bréviaire une date postérieure ou antérieure à 1524? En l'absence d'autres données, nous déclarons n'avoir mis en avant cette impression que pour combler en partie la lacune des débuts de Guyart. Comme Gaspard Philippe, Jean Guyart a dû imprimer des livrets ou des feuilles volantes qui ont disparu sans laisser de traces. Nous sommes donc réduit à des conjectures, dans l'état actuel de nos connaissances bibliographiques.

Nous arrivons maintenant au volume de 1524 sorti de l'atelier de la rue Sainte-Colombe, avec le nom de Jean Guyart comme typographe.

Au moment de son décès, Gaspard Philippe avait laissé dans sa succession un certain nombre d'exemplaires du volume in-folio des œuvres du docteur Tarregua qu'il avait imprimées. L'édition était loin d'être épuisée au moment de l'expiration du privilège qui n'avait été accordé, le 10 novembre 1520, que pour un terme de trois ans. L'auteur sollicita et obtint prorogation du privilège royal non seulement pour ses œuvres déjà imprimées, mais encore pour d'importantes additions qu'il venait de composer et de livrer à la presse. « Apres limpression de ladicte Somme et le terme desusdictes lectres revolu, ledict de Tarrega a obtenu aultres lectres pour fayre imprimer à Bordeaulx certain

Compendi quil a faict sur le Tegni de Galien et amforismes (*sic*) de Ypocras, avecques ugne figure des choses naturelles, non naturelles et contre nature par lexquelles lectres appert la inhibition et defence a tous aultres imprimeurs, reserve a celuy par qui a faict imprimer ledit Compendi et figure de non imprimer ladicte Somme avecques lesdictes additions qui ne soyent deux ans revolus du terme ou ledict Compendi a esté parachevé de imprimer. »

Guyart réimprima le titre des œuvres de Tarregua, avec le feuillet correspondant sur lequel se trouvait la teneur du premier privilège, à la suite duquel il ajouta les lignes que nous venons de rapporter. Sur le nouveau titre, il ajouta à l'énonciation des œuvres suivantes de Tarregua : *Summa diversarum questionum,* — *Aggregatio de causis egritudinum,* — *Textus Avicenne cum quibusdam additionibus*, etc..., le détail des additions : *Compendium eorum que super Tegni Galieni et Aphorismis Ypocratis scribuntur,* — *Figura amplissima rerum naturalium, non naturalium et contra naturam.*

L'encadrement du titre était changé en partie et la marque de Gaspard Philippe disparaissait. Le fac-simile ci-contre du titre au nom de Jean Guyart fera voir, mieux que nous ne pourrions le décrire, les changements opérés.

Pour le corps du volume imprimé par son prédécesseur, Guyart laissa subsister les *colophons* datés de 1520 aux premier et second traités, se contentant de réimprimer les deux feuillets de titre et de privilège que nous venons de signaler afin de pouvoir utiliser les exemplaires restants de l'édition. Ce n'est donc point un second texte comme l'a dit feu J. Delpit (1).

La partie nouvelle imprimée par Guyart débute par un titre placé dans la même bordure que celle du titre renouvelé. Au dessous des sept lignes imprimées qui annoncent le *Compendium* et indiquent le lieu d'impression ainsi que le nom et la demeure du typographe, on voit les armes de la ville de Bordeaux. C'est la même planche que nous avons

____

(1) *Origines de l'Imprimerie en Guyenne*, page 27.

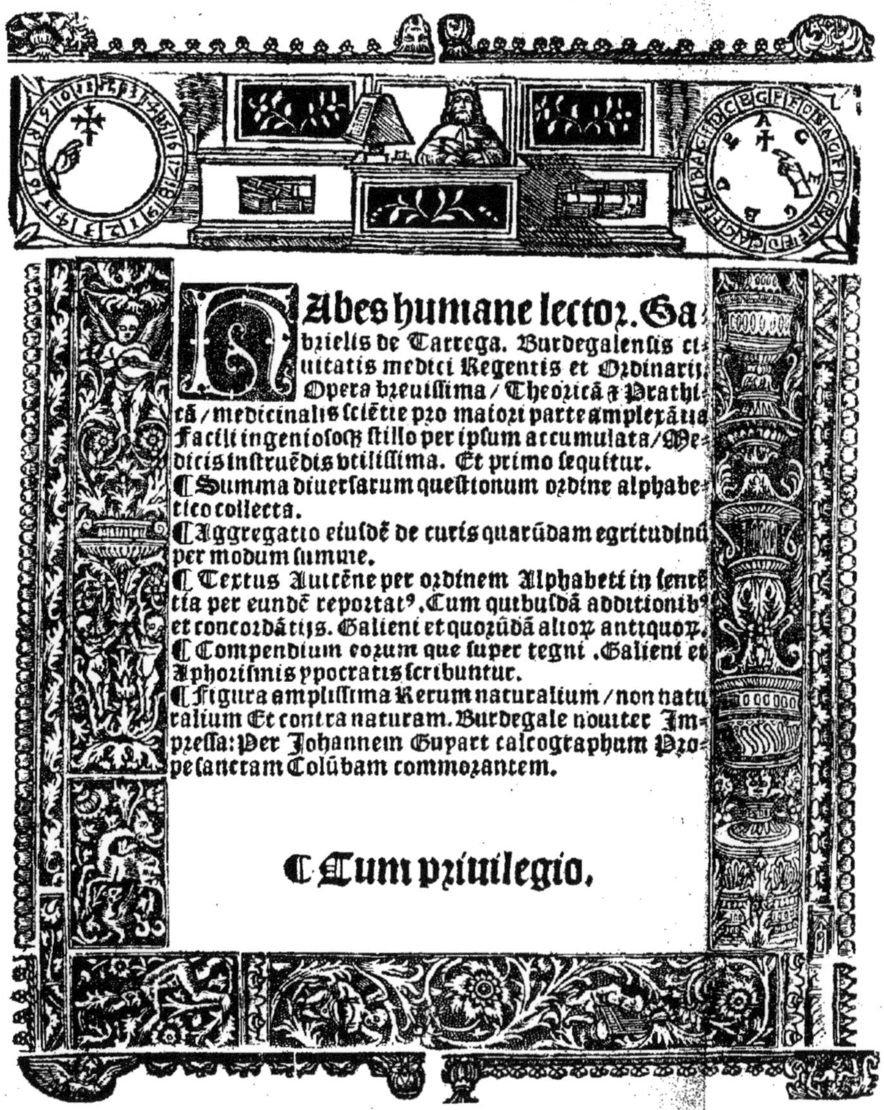
Habes humane lector. Ga
brielis de Tarrega. Burdegalensis ci
uitatis medici Regentis et Ordinarij.
Opera breuissima / Theorica z Prathi
ca / medicinalis scietie pro maiori parte amplexatia
Facili ingeniosocz stillo per ipsum accumulata / Me
dicis instruedis vtilissima. Et primo sequitur.
⟨ Summa diuersarum questionum ordine alphabe
tico collecta.
⟨ Aggregatio eiusde de curis quarudam egritudinu
per modum summe.
⟨ Textus Auicene per ordinem Alphabeti in sente
tia per eunde reportat'. Cum quibusda additionib'
et concordatijs. Galieni et quoruda alior antiquor.
⟨ Compendium eorum que super tegni . Galieni et
Aphorismis ypocratis scribuntur.
⟨ Figura amplissima Rerum naturalium / non natu
ralium Et contra naturam. Burdegale nouiter Im
pressa: Per Johannem Guyart calcographum Pro
pe sanctam Colubam commorantem.

⟨ Cum priuilegio.

déjà signalée comme se trouvant à la fin du *Tracté contre la Peste* du même auteur; mais elle est encore plus usée dans le *Compendium*. Nous donnons ci-dessous le fac-simile de ce titre, dégagé de sa bordure pour laquelle on n'a qu'à se reporter au fac-simile précédent du titre général du volume.

Au verso du titre du *Compendium* on trouve une dédicace de l'auteur à Maître Antoine du Puy, très savant professeur ès arts et médecine, conservateur éprouvé et ingénieux de l'harmonie du corps humain : « *Gabriel Tarregua, domino Anthonio de Podio, artium et medicine interpreti profundissimo, armonie humani corporis debito atque ingenioso conservatori.* » Antoine du Puy répond à son très renommé confrère et collègue (*compatri ac consocio familiarissimo*). Il admire l'ardeur et la persévérance au travail de Tarregua. « Non content d'avoir passé les jours et les nuits, te privant de sommeil pour composer un ouvrage théorique et pratique aussi complet, tu es arrivé à nous donner présentement des commentaires si précis sur Hippocrate et Galien, nos divins maîtres, que malgré leur brièveté, tu n'as rien oublié (1). »

A la page suivante, on lit une lettre de Pierre de Boucher, procureur au Parlement de Bordeaux, suivie d'un distique latin en l'honneur de Tarregua. La lettre, disposée en deux colonnes, commence au *verso* de cette page (2ᵉ feuillet). Elle finit au quatrième feuillet (*recto*) à peu près au milieu de la page. Le *verso* est entièrement blanc. Les quatre feuillets forment un premier cahier non chiffré, avec signature marquée par une croix ✠.

Le texte du commentaire de Tarregua sur Galien commence au cahier suivant avec signature A au bas et numéroté au haut : *Folium primum.* Il se termine au folio XLIX (*recto*), par ces lignes :

> Et sic est finis testamenti Galieni cu[m] breui ex=
> planatione et abreuiatione eorum que ab alijs
> dicu[n]tur per me Gabriele[m] de Taragua Docto=
> rem Regentem Burdegale Cuius c[om]plementu[m]
> fuit vij Maij a[n]no domini. millesimo. quingen=
> tesimo. xxiij. Ad laudem dei omnipotentis et
> gloriosissime virginis marie.

(1) « Nec satis hercle possum admirari, quod dies noctesque ita duxeris insomnes ? Ut non contentus eo amplissimo theorice et praxis volumine... quod e diversorum penetralibus exquisite exarasti ; nunc ad divorum Ypocratis et Galeni tam succincta descenderis commentaria ut nichil tamen intactum reliqueris. »

Cette date du 7 mai 1523 se rapporte, selon nous, à l'achèvement de la copie de l'auteur et non à l'impression de l'ouvrage.

Le travail de Tarregua sur les aphorismes d'Hippocrate commence au *verso* de ce même feuillet (XLIX) et se termine au *verso* du folio XC, à peu près au milieu de la page, par cette formule d'achèvement qui termine la deuxième colonne :

Et sic imponitur finis huic abreuiatio[n]i decima octaua dece[m]bris anno D[omi]ni. M.V.C.xxiij
LAUS DEO.

Cette date du 18 décembre 1523 se rapporte encore à la terminaison de l'œuvre de l'auteur. Le *colophon* de l'imprimeur, annonçant que le livre a été achevé d'imprimer à Bordeaux le 19 octobre 1524, se trouve au dessous de cette première moitié de page. Il est disposé en forme de losange et de cul-de-lampe suivant le fac-simile ci-dessous.

L'impression du livre était terminée, lorsque Tarregua s'avisa d'y joindre un supplément. Cette partie additionnelle est intitulée :

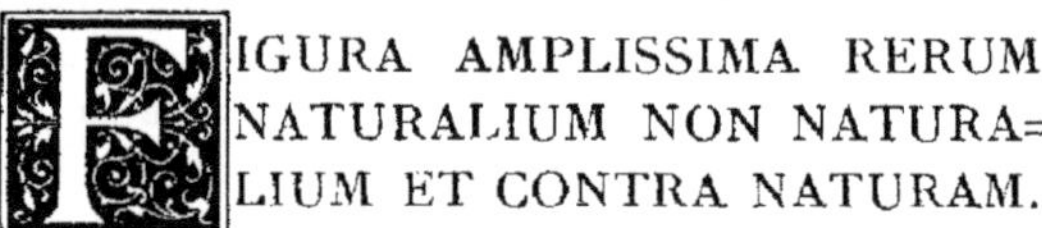

IGURA AMPLISSIMA RERUM NATURALIUM NON NATURA= LIUM ET CONTRA NATURAM.

Au dessous de ce titre, ainsi disposé en trois lignes et précédé d'une grande lettre F historiée, sur fond criblé, provenant du matériel parisien de Gaspard Philippe, on lit un court avis de Tarregua au lecteur, pour expliquer comment il a été amené à publier les tableaux qui suivent et qu'il avait découverts par hasard dans un très ancien manuscrit. Ces tableaux, qui commencent immédiatement derrière le titre et l'avis au lecteur, occupent quatre cahiers non chiffrés avec signatures spéciales en signes typographiques : une fleur de lys ✿; une étoile ★; une croix ✠, et un trait — surmonté d'un petit appendice en forme de cédille. Les trois premiers cahiers sont des *quaternions* (par 4); le quatrième cahier est un *ternion* (par 3), ce qui donne 3o ff. en tout. Le *verso* du dernier feuillet est blanc.

Bien qu'il n'y ait pas de nom d'imprimeur, il est évident que ces cahiers supplémentaires sont sortis des presses de Guyart. Les caractères sont les mêmes que ceux du texte du *Compendium*; la lettre historiée F de début se retrouve dans les *Ordonnances Royaulx*, imprimés par Guyart, dont nous parlerons plus loin à leur rang, et l'ouvrage lui-même est annoncé sur le titre général des œuvres de Tarregua réimprimé par Guyart.

Maintenant que nous avons bien déterminé la part du travail typographique de ce dernier dans le recueil de Tarregua ainsi rafraîchi et complété, nous allons énumérer les produits de son atelier qui sont venus à notre connaissance.

III

Les travaux connus de Jean Guyart. — Découverte de trois impressions
non citées jusqu'ici.

Après le *Compendium* de Tarregua, J. Delpit cite de Jean Guyart une impression datée de 1524, dont il donne ainsi le titre : *Constitutiones reverendissimi in Christo patris et domini, domini Johannis de Fuxo, Dei et sancte Sedis apostolice gratia Burdegalensis archiepiscopi in sua sancta synodo in ecclesia metropolitana Burdegalensi de novo edite, correcte, revise et emendate, anno Domini millesimo quingentesimo vicesimo quarto.* On trouve à la fin le lieu d'impression, la date du jour d'achèvement et le nom de l'imprimeur avec l'adresse de son atelier, formulés de cette manière : IMPRESSUM BURDEGALE *per* JOHANNEM GUYART, *coram templum dive Columbe commorantem, anno domini mil VCXXIIII, die vero XV mensis martii.* Cette date du 15 mars 1524 (v. style) doit être reportée à l'année 1525 (nouv. style).

Pour plus de détails, nous renvoyons à la description de Delpit (*Origines de l'Imprimerie en Guyenne*, pp. 35-37). Cette précieuse plaquette, de format pet. in-4°, est conservée à la Bibliothèque publique de Bordeaux sous la cote 30325, T 5. C'est le seul exemplaire connu jusqu'à présent.

Antoine du Verdier, dans sa *Bibliothèque françoise* (t. VI, p. 27, édition de Rigoley de Juvigny, in-4°), cite le livre suivant : *Arnaldi Landivisquei Doct. Theologi Carmelitae provinciae Vasconiae conventus Condomii Polyanthea logices; Impressa est* BURDEGALAE, *in-4°, apud* J. GUYART, 1525. Nous n'avons pu retrouver cet ouvrage, qui est sans doute perdu comme tant d'autres de cette époque. L'indication en est nette et précise et on ne saurait douter qu'il a existé. Delpit n'en fait pas mention.

Le 2 avril 1526, Jean Guyart passe un marché avec Arnault de Vignac, maître menuisier, pour lui faire faire les bois d'une presse à imprimer « bien juste et bien forte », qu'il devra lui livrer le 10 mai suivant « sans contredict » (1). Notre imprimeur devait être pressé d'ouvrage pour avoir besoin de cette presse en cinq semaines. La vieille presse que Gaspard Philippe avait amenée de Paris ne suffisait sans doute plus ou commençait à se détraquer et à être hors de service.

En 1527, nous avons trace de deux ouvrages que Guyart mit au jour et d'un troisième qu'il commença à mettre sous presse. Guillaume Piellée (*Pielleus*), professeur de rhétorique à Bordeaux, et en même temps poète distingué, lui fait imprimer ses Élégies. Cette impression n'est pas citée par Delpit. Elle est indiquée dans un catalogue de la librairie Téchener (*Bibliopoliana*, xxı^e livraison, année 1889, n° 3847), sous ce titre : *Guliermi Piellei Elegiarum libri duo;* Burdigale, *noviter impressa per* Johannem Guyart, 1527. C'est un petit in-4° de 26 ff. imprimé en caractères gothiques. La marque de l'imprimeur se trouve sur le titre.

Piellée avait déjà publié, en 1512, un poème sur la défaite des Anglais par Jeanne d'Arc : *De Anglorum fuga,* et comme Bordeaux ne possédait pas encore d'imprimerie, il avait été obligé de s'adresser au dehors et l'avait fait imprimer à Paris (2). Les élégies publiées quinze ans plus tard sont dédiées aux jurats de Bordeaux. Nous n'avons pas vu le volume, qui est entre les mains d'un bibliophile bordelais auquel nous laisserons le soin d'en donner une description

(1) Le contrat en question a été découvert par J. Delpit, dans les minutes du notaire Brunet, aux Archives départementales de la Gironde, E 67, 4. On en trouvera le texte pp. 37-38 de l'ouvrage de Delpit.

(2) Un exemplaire de ce livre se trouve à la Bibliothèque Nationale. Il est indiqué dans l'ancien catalogue imprimé des Belles-Lettres sous le n° 2794. In-4°.

bibliographique plus détaillée *de visu*. Pour le moment, nous nous contenterons de renvoyer à l'intéressante notice du catalogue Téchener, dans laquelle on trouvera l'analyse de quelques-unes de ces pièces de poésie, qui ont trait aux choses et aux hommes de la Guyenne.

Dans un des portefeuilles de la collection Renouvier, mis obligeamment à notre disposition par M. d'Albenas (de Montpellier), nous avons trouvé le titre suivant :

LE STILLE DE LA COURT
de Parlement et des requeste du Palays.

> La declairation des pays et prouinces subgectz à la dicte court.
> Qui sont les Pers de France, auec leurs prerogatiues. Auec certais (*sic*) arrestz de la dicte court. Et mesmement touchant les priuileges de Luniuersite de Paris.

Au dessous, on voit la marque de J. Guyart, puis la date M.CCCCC.XXVII. Ce titre de format in-4° est entouré d'une bordure gravée sur bois tirée d'un vieux livre d'heures. C'est le seul feuillet qui subsiste du livre.

Le 4 septembre de la même année (1527), Jean Guyart obtenait du Parlement de Bordeaux (dont il paraît être devenu l'imprimeur attitré) un privilège pour trois ans lui permettant d'imprimer les *Coutumes de Bordeaux, pays bordelois et des Landes,* qui venaient d'être revisées et fixées à nouveau par un arrêt définitif du 28 mai précédent.

Le livre ne parut que l'année suivante, le 3 juillet 1528, sous ce titre rapporté par Delpit : « *Les Coustumes generalles de la ville de Bourdeaulx, seneschaucée de Guyenne et pays Bourdeloys; lesquelles ont esté approuvées et establies, confirmées et, par edict perpetuel, autorisées par la court de parlement, et imprimées audict Bourdeaulx par Jehan Guyart, libraire de l'Université, demourant devant l'église de Saincte Colombe.* » Le volume, dit encore Delpit, auquel nous empruntons sa description, est de format petit in-4°, en lettres de forme, contient 20 ff. chiffrés portant les signatures A-E iiij, précédés de deux feuillets où sont imprimés le titre, le privilège, un arrêt du Parlement contre le greffier J. de Pontac, qui avait indûment envoyé la copie des mêmes Coutumes à un imprimeur de Paris (1), et la table des matières.

Cette édition est ornée, en sus du frontispice, de grandes initiales en bois, ainsi que d'une grande vignette qui occupe tout le verso du folio 4, dont le centre représente les armes de France entourées du collier de l'ordre de Saint-Michel, et enfin, au verso du dernier feuillet, par une des marques de Jean Guyart. Nous renvoyons à l'ouvrage déjà cité de Delpit (pp. 42-43) pour la description et la reproduction réduite de cette marque. Nous en donnerons plus loin une photogravure dans ses dimensions réelles, lorsque nous décrirons une autre impression à la fin de laquelle elle se trouve également. Le seul exemplaire connu des *Coutumes de Bordeaux* est imprimé sur vélin et se conserve à la Bibliothèque de la Ville de Bordeaux. Il n'est pas cité dans le *Catalogue des Livres imprimés sur vélin*, rédigé par Van Praet.

Nous arrivons à un livret qui a passé longtemps et qui passe encore, auprès de certains bibliographes compilateurs et mal informés, pour être le premier livre imprimé à Bordeaux. Jusqu'en 1842, on pouvait lire dans le *Manuel du*

---

(1) Le greffier du Parlement avait fait imprimer à Paris les *Coutumes de Bordeaux* et s'était entendu avec Durand Gerlier, libraire à Paris, pour en faire débiter les exemplaires. Il avait même surpris un privilège du Roi lui octroyant le droit exclusif de les vendre *à juste prix pour recouvrer ses frais et mises*, et ce, pendant quatre ans. L'édition fut apportée à Bordeaux avant le 1er juin 1528. Guyart, qui avait reçu spécialement du Parlement la commission de les faire imprimer, se trouvait ainsi supplanté sans motifs, l'ouvrage étant en train dans son atelier. Ainsi lésé dans ses intérêts, il porta plainte, et le 6 juin 1528, il obtint de la Cour un arrêt qui défendit à J. de Pontac de faire vendre, de quelque manière que ce fût, les Coutumes qu'il avait fait imprimer à Paris, sous peine de mille livres d'amende, mais *sans dépens et pour cause* (Voir DELPIT, *Origines de l'Imprimerie en Guyenne*, pp. 39-40).

Libraire de Brunet que c'était non seulement le premier, mais encore le seul livre qui eût été imprimé en cette ville pendant la plus grande partie du xvie siècle. Nous voulons parler des *Gestes des Solliciteurs* d'Eustorg de Beaulieu, imprimés en 1529 à Bordeaux par Jean Guyart. On a pu voir quel a été le chemin parcouru depuis la publication de cette note erronée.

L'édition citée par Brunet est un petit in-4° de 10 feuillets à longues lignes. Elle est décrite dans la nouvelle édition du *Manuel du Libraire* (t. I, col. 717). C'est d'après ce bibliographe qu'elle a été signalée par Delpit (pp. 44-45). Nous donnons à notre tour un extrait de cette description. Le titre est en vers :

> Les Gestes des Solliciteurs
> Ou les lisans pourro[n]t cognoistre
> Quest ce solliciteur estre
> Et qui sont leurs reformateurs.
> *Cum priuilegio.*

Le nom de l'auteur se trouve imprimé au second feuillet avec ce titre de départ : *Les Gestes des Solliciteurs composés par maistre Eustorg de Beaulieu, prestre* (1). On lit au dernier feuillet : *Imprimé à Bourdeaulx le vingt et troisieme iour de aoust la[n] mille cinq cens XXIX, par Iehan Guyart, imprimeur, demeurant aud[it] Bourdeaulx devant lesglise Saincte Coulombe.*

Les *Gestes des Solliciteurs* furent réimprimés moins d'un an après. Delpit doute de l'existence de cette seconde édition, qui n'est pas indiquée par Brunet, mais qui, cependant, avait été signalée par Léonce de Lamothe (*Compte rendu de la Commission des Monuments historiques*, 1848, p. 30), et

---

(1) Eustorg de Beaulieu, ainsi nommé du lieu de sa naissance, Beaulieu, dans le bas Limousin, était, en 1522, organiste de l'église de Lectoure. Il était prêtre, mais par la suite il changea de religion et se fit ministre à Genève. Le recueil de ses poésies, y compris les *Gestes des Solliciteurs*, est cité par du Verdier comme ayant été imprimé à Lyon par Pierre de Sainte-Lucie en 1536 (*Bibliothèque françoise*, t. I, pp. 548-49).

après lui par Gergerès (*Histoire de la Bibliothèque de Bordeaux*, p. 62). L'édition existe bel et bien. Nous en connaissons deux exemplaires. L'un est décrit au n⁰ 518, t. Ier du Catalogue de la bibliothèque du baron James de Rothschild, rédigé par le maître bibliographe bien connu, Émile Picot; l'autre, provenant de la bibliothèque du baron de La Roche-La Carelle (n⁰ 182 du Catalogue), figurait dans la merveilleuse collection (n⁰ 914 du Catalogue) du comte de Lignerolles, un des plus grands bibliophiles des temps modernes, récemment dispersée au feu des enchères. Nous avons nous-même vu le livre et voici la description que nous en avons prise en son temps.

Le titre est entouré d'une bordure de vieux bois du matériel de Gaspard Philippe, comme dans d'autres impressions de Guyart. La lettre initiale du titre est une grande lettre ornée et historiée qui occupe en hauteur l'espace de quatre lignes comme ceci :

ES GESTES DES SOL=
LICITEURS.
Ou les lisans pourront cognoistre
Quest ce de solliciteur estre
Et qui sont leurs reformateurs.

Au dessous, la nouvelle marque de J. Guyart (Silvestre, *Marques typographiques*, n⁰ 926), la même que celle que nous avons déjà signalée comme se trouvant à la fin des *Coutumes de Bourdeaulx* de 1528. Au *verso* du titre se trouve une *humble excuse et protestation de l'auteur envers Messieurs de la Court*, en forme de ballade.

Le texte commence au haut du feuillet *aij* par un titre de départ semblable à celui de l'édition précédente donnant le nom de l'auteur. Au *verso* du dernier feuillet, on voit une grande gravure sur bois représentant une galère soulevée en l'air au dessus de la terre, portant trois fleurs de lys en chef et accompagnée de cette devise partagée en deux :

Sic tran || sit Mun[dus].

Au dessous, l'achevé d'imprimer :

> Imprime le vingt et septiesme iour de iullet Lan
> mille cinq cens XXX. Par Iehan Guyart imprimeur de=
> meurant deuant Saincte Coulombe.

C'est un petit in-4° de 10 ff. comme pour l'édition précédente, imprimée en caractères gothiques de bâtarde au nombre
de 38 lignes à la page.

Guyart, qui avait la clientèle du Parlement et des gens de

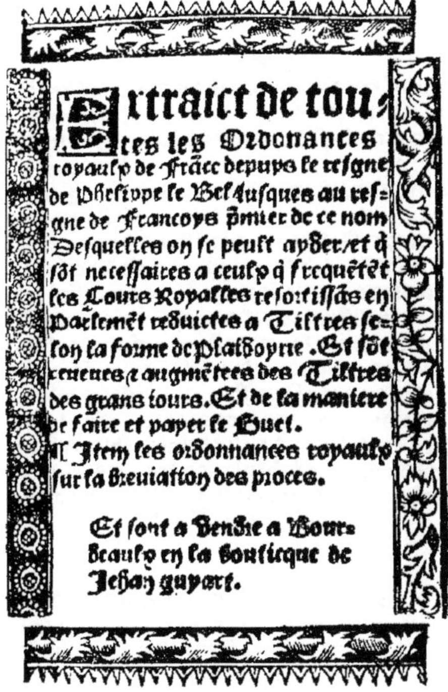

— 50 —

loi, avait une boutique au Palais où il débitait ses nouveaux livres, en dehors de son établissement de la rue Sainte-Colombe. C'est là où nous le trouvons le 25 août 1530 vendant l'*Extraict de toutes les ordonnances royaulx de France depuys le resgne de Phelippe le Bel iusques au resgne de Françoys premier*, livret petit in-8°, qu'il venait d'imprimer et dont un exemplaire, le seul que nous connaissions jusqu'à présent, est relié à la suite d'un *Coustumier du pays de Poictou*, imprimé à Poitiers par De Marnef en 1530, qui se conserve à la Bibliothèque de la ville de Poitiers, sous la cote 2342. Ci-dessus le fac-simile du titre de cette édition qui a échappé aux recherches de Delpit.

Table.
gement pour delaiz appellations ne lettres de
stat. tiltre. ppip.   folio. ppni.
Des accordz faictz par les parties en court tit
tre. ppp.   Folio. vpni.
Des inuentaires de lettre produictes. Tiltre
pppi.   Folio. ppim.
Des appellations (et) ppositions derreur et de
les delaisser. titulo. pppn.   Folio eodem.
Quelles epecutions peuent (et) dopuet estre fai
ctes nonobstant appel. ti. pppm. Folio pp V.
Ampliation de ladordenn̄.   Folio. pp Vn.
Des taupaties de despes. ti. ppplin. fo. ppp.
De lusaige des fourestz.   Folio eodem
De lordonnance des grans iours. Fo. ppri.
Des droitz de guet. tiltre dernier. folio eodem
Lordonnance sur labreuiation des pres fo. eoss
Lordonnance des monoyes.   Folio ppp Vn.
            Fin de la Table.

On les vend au Palays en la bou
tucque de Jehan Duyart libraire. Et
furent acheuez dimprimer le. pp V. de
Aoust mil Cinq cens ppp.

Le titre est imprimé en rouge et noir; c'est ce qui explique que les lignes ne sont pas régulièrement espacées : le repérage des passages qui devaient être imprimés en rouge n'ayant pas été très exact. A la fin de cette impression, exécutée en petite gothique de bâtarde qui paraît assez usée, on lit : « *On les vend au Palays en la boutique de Jehan Guyart, librayre. Et furent achevez d'imprimer le XXV de aoust mil cinq cens XXX.* »

Voir en face le fac-simile de la dernière page de cet *Extraict*, avec l'achevé d'imprimer que nous venons de rapporter.

Le 2 mars 1531 (vieux style), Guillaume Ayribert, principal payeur de Messire Louis Dumas prêtre, reconnaît devoir à maître Jean Guyart la somme de quinze francs (1) pour neuf rames et demie de papier imprimé. Delpit qui cite ce document (page 67) croit que ces neuf rames et demie avaient été employées à l'impression de quittances, sommations et autres ouvrages analogues. Nous sommes d'un avis différent et nous avons tout lieu de penser qu'il s'agit ici de l'impression d'un livre commandé à Jean Guyart et imprimé pour compte d'auteur.

Neuf rames et demie représentent 4,750 feuilles entières. Si on plie ces feuilles en quatre, on obtient 19,000 petites feuilles ou feuillets. Ce format étant trop grand pour des quittances, il faut se reporter au format in-8° qui donnera alors 38,000 feuillets ou exemplaires de quittances ou de toute autre pièce analogue.

On ne fait pas imprimer à la fois un nombre aussi considérable de quittances ou de sommations comme Delpit le conjecture, à moins d'être une grande administration de nos jours. Cette explication est tout à fait improbable et doit être rejetée. Neuf rames et demie de papier imprimé représentent plutôt un *labeur* de quatre feuilles et demie petit in-4°, format adopté de préférence par Guyart, tiré à 1,000 exem-

---

(1) Le franc bordelais valait à peu près 22 fr. 50 de notre monnaie actuelle.

plaires, avec une demi-rame en plus pour le déchet et les mains de passe, ou mieux encore un *labeur* de neuf feuilles et demie tiré à 5oo exemplaires.

Ceci posé, le livre que Messire Dumas prêtre fit imprimer pourrait bien être le *Directoire de la Vie humaine* de frère François Bellemère, religieux minime de l'ordre de Saint François de Paule, qui fut imprimé « à l'instance et réquisition de ses bons et devotz amiz des citez de Touloze et de Bordeaux », comme il est dit sur le titre de l'ouvrage.

Cette impression bordelaise inconnue que nous avons en ce moment même sous les yeux a été découverte à l'état de fragments dans une vieille couverture de livre dont elle formait le carton, associée à des débris d'impressions limousines également inconnues. C'est à un de nos amis en bibliographie, M. Fray-Fournier, qu'est due cette trouvaille qu'il s'est empressé de nous communiquer pour en tirer tout le parti qu'elle comportait.

Nous n'avons que quatre feuillets composant la première feuille de l'ouvrage, mais le premier feuillet comprend le titre entier du livre avec les encadrements employés ordinairement dans l'atelier de Guyart. La bordure du haut sur le côté seule a été un peu coupée, mais elle peut être facilement rétablie. On lit au bas du titre ces lignes :

> Imprime à Bordeaulx par
> Jehan Guyart librayre et Im=
> primeur Jure de Luniversite
> demourant deuant saincte Co=
> lombe à Bordeaulx.

Derrière le titre, une gravure sur bois grossière du Christ enseignant occupe toute la page. Cette même image nous a été signalée par Mlle Pellechet, comme se trouvant déjà dans le matériel de Gaspard Philippe, à Paris, employée dans une impression faite pour le compte du libraire Denis Roce. Le texte commence au feuillet suivant en regard. Le titre de départ est ainsi libellé :

SENSUYT INSTRUCCION (*sic*) SALUTAIRE
A TOUTE PERSONNE DE LESTAT SECULIER MILITA[N]T SOU=
bz la Foy catholicque et crestienne faict et compose par
frere Francois Bellemere religieux de Lordre des fre=
res Minimez a linsta[n]ce et Requisition de ses bo[n]s et de=
uotz amis des cites de Bourdeaulx et Thoulouze.

Cette fois les bons amis de Bordeaux sont nommés les premiers avant ceux de Toulouse. Il est probable que ce sont eux et non l'auteur qui ont pris les frais d'impression à leur charge.

Ce Guillaume Ayribert, principal payeur de Messire Louis Dumas, nous fait l'effet d'être le trésorier ou l'économe d'une congrégation ou d'un ordre religieux qui a fait œuvre de propagande en publiant le livre de François Bellemère.

On trouvera pages 54 et 55 les fac-similés du titre et de la première page de texte de cette impression. On remarquera au commencement du texte la lettre ornée majuscule P, exactement la même que dans le Bréviaire de Saint-Seurin (Voir le fac-simile inséré à la page 34).

La date n'est pas indiquée, mais nous sommes persuadé que nous avons là la première édition imprimée « à l'instance et réquisition » des bons amis de Bordeaux. Du Verdier, dans sa *Bibliothèque françoise* (t. I, p. 640, édition de Rigoley de Juvigny, in-4°), cite une édition postérieure de l'ouvrage de Bellemère. Le détail des quatre chapitres ou traités dont l'ouvrage se compose est exactement le même; mais il n'est plus question de « l'instance et réquisition » des bons amis de l'auteur et il est dit que le livre a été jadis composé par lui-même en latin. L'édition qu'a vue du Verdier était imprimée à Paris par Poncet le Preux dans le format in-16. Un livre de neuf feuilles et demie petit in-4°, si nous prenons pour base un tirage à cinq cents exemplaires, eût formé un énorme volume in-16, hors de toute proportion avec un aussi petit format, tandis qu'un volume de quatre feuilles et une fraction pour le titre et les liminaires, en prenant pour base un tirage à mille exemplaires, pouvait parfaitement se transformer en un in-4° d'épaisseur raisonnable. L'auteur du *Supplément au*

Manuel du Libraire (I, 104) mentionne aussi cette édition, mais avec une date et sous ce titre :

BELLEMÈRE (Francoys). Directoire de la vie humaine traduict du latin de Jehan de Capoue. *A Paris, Poncet le Preux,* 1537. In-16 gothique (Voy. *Bidpay*).

Sensuyt Instruction salutaire a toute personne de lestat seculier militãt soubz la Foy catholicque et crestienne faict et compose par frere. Francoys Bellemere religieux de Lordre des freres Minimez a linstãce et Requisition de ses bõs et devotz amis des cites de Bourdeaulx et Thoulouze.

Et premieremẽt du Regime et gouvernemẽtt que on doibt tenir en General.

Remieremẽt soy lever au matin entre cinq et six heures en sorte que pour prandre Repoz la nuyt on soyt content de sept heures au plus et cest article me semble de conseil et congruite.

Consequemmẽt en soy leuant doibt la persone rendre graces a dieu de la preseruation par la quelle de sa grace la gardee la nuyt en faisant priere q soit cõ bon plaisir la garder la Journee de tout inconueniẽt et specialement de peche mortel en ayant propoz ferme aussi a sa possibilite de soy en garder En recommandã t audict seignieur toutes ses affaires. Et ceste chose est necessaire a salut Puis apres si ledict iour est feste comandee et il nya occupation expresse qui se puisse differer/ Incontinent deuant toutes cholez aller a lamesse aultremẽt ŭ les affairez temporels Requierent celerite sil est posible y aller a quelque aultre heure du :iour et a tout le mains si on ne peult aouyr la messe : entrer en leglise et/Recoignaistre son createur cest article est necessaire et conuenable qui veult pperer corporelemẽt spirituelemẽt ɇ tẽporelemẽt Et sil est iour de dimenche / Feste de diu de Nostre dame dapostre ou deuangeliste ou aultre solempnits specialement commãdee / Il fault assister a la grant messe a ves-

L'erreur est évidente. On n'a qu'à lire le texte que nous reproduisons ci-dessus en fac-simile et on acquerra une preuve directe que le livre de doctrine chrétienne de frère François Bellemère de l'ordre des Minimes n'a aucun rapport de loin ou de près avec le recueil d'apologues et de fables du moraliste indien. M. P. Deschamps constate l'excessive rareté du livre par cette note : « Cette traduction doit avoir disparu, car nous ne la trouvons cotée que dans les divers catalogues des foires de Francfort. » Cette erreur est excusable, car elle prend sa source dans une fausse indication de librairie de la fin du xvi° siècle.

Revenons à notre édition de Bordeaux. Le mot « *jadis* » qu'on lit sur le titre de l'édition parisienne citée par du Verdier indique que le livre de Bellemère avait paru depuis longtemps déjà, et la date de la première édition peut parfaitement coïncider, selon nous, avec celle de la reconnaissance de dette pour sa première impression faite par Jean Guyart, au compte de Messire Louis Dumas, prêtre. Ce n'est là qu'une conjecture, il est vrai, mais on conviendra qu'elle n'est pas dénuée de vraisemblance et qu'elle repose sur quelque fondement.

L'année suivante (1532), Jean Guyart imprime une édition des Statuts de la province ecclésiastique de Bordeaux, promulgués par Charles de Grammont, archevêque de Bordeaux. Cette plaquette, composée de deux cahiers petit in-4°, qui se trouve à la Bibliothèque de Bordeaux, sous le n° 30327, porte le titre suivant donné par Delpit : *Sequuntur statuta provincialia provincie Burdegale per reverendissimum in Christo patrem et dominum Charolum de Acromonte, miseratione divina Burdegale archiepiscopum, Aquitanie primatem, impressioni demandata. — De prefati reverendissimi Domini mei mandato.* Pour plus ample description nous renvoyons à l'ouvrage de Delpit, déjà cité plusieurs fois par nous (pp. 46-47). On lit à la fin des Statuts cette mention : *Excudebat suis typis Johannes Guyart Burdegalensis, M.D.XXXII.* Guyart indique ici qu'il est Bordelais. Ce n'était donc pas un étranger venu du dehors comme Gaspard Philippe pour s'établir à Bordeaux, mais un enfant du pays.

En 1533-34, Gabriel de Tarregua confie à Guyart l'impression d'un autre de ses ouvrages. Nous n'avons pas vu ce livre, mais nous nous en rapportons complètement à Delpit qui l'a soigneusement examiné. Il est intitulé :

Commentaria Gabrielis de Tarregua Burdegalensis medici regentis et ordinarii, super capitulum de regimine ejus quod comeditur et bibitur, seu primi canonis principis Avicenne in quo plurima que ad sanitatis conservationem pertinent compendiose tractantur, ad auratum militem dominum Franciscum de Belcier in supremo Burdegale primum presidem meritissimum.

« Ce titre, dit Delpit, est encadré de vignettes rapportées, et au dessous du titre, à la place du nom du libraire, une gravure dans laquelle est représenté un docteur debout, suivi de son fils ou de son élève, surmonté du soleil, de la lune et des étoiles et accompagné à gauche d'une banderole partant de bas en haut et sur laquelle on lit : *Astrologia medicine pars non minima.* » Ce détail se rapporte exactement à la gravure placée au bas du titre du *Tracté contre la Peste* de 1519 (Voir le fac-similé que nous en avons donné p. 13). Le même bois se trouve encore sur le titre du recueil des Œuvres de Tarregua publié par Gaspard Philippe en 1520 et au dessus on lit le nom de Tarregua. Est-ce réellement le portrait de l'auteur? Delpit paraît en douter et il peut avoir raison. Ne serait-ce pas plutôt une gravure banale représentant un astrologue et qui pouvait servir dans le matériel de l'imprimeur pour mettre en tête d'une pronostication ou de toute autre pièce de ce genre? Cependant, comme nous ne l'avons encore trouvée que sur des livres composés par Tarregua, il serait fort possible qu'à l'exemple de la planche des armes de la Ville, celle du médecin astrologue ne provienne pas du matériel de Paris et ait été gravée à Bordeaux par Gaspard Philippe pour la circonstance.

Reprenons la description bibliographique du volume telle qu'elle est donnée par Delpit. « Le volume, in-folio à deux colonnes, est composé de 43 feuillets dont 37 seulement sont chiffrés. Il se termine par cette suscription : *Et sic imponitur finis huic expositioni XXVI maij, anno M.CCCCC.XXXIII, ad laudem Dei omnipotentis et utilitatem legentium.*

» Au dessous de cette inscription, l'auteur a fait placer une seconde fois la gravure qui le représente debout dans son cabinet, et comme il restait encore un feuillet complètement blanc, l'imprimeur s'est servi du *verso* pour y mettre le même encadrement de vignettes qui décore le frontispice. Il a placé dans le milieu une de ses marques, celle qui présente dans une niche une femme soutenant un cartouche sur lequel sont entrelacées les initiales I. G. et au dessous une banderole portant : Iehan Guyart. En dehors et au dessus de cette marque on lit : *Excudebat suis typis Johannes Guyart. Burde. M.D.XXXIIII.*

» Ce volume se trouve ainsi préservé dessus et dessous par deux feuillets imprimés comme les couvertures dont nous nous servons aujourd'hui, mais avec cette différence qu'au lieu d'être indépendantes, ces couvertures supérieure et inférieure sont jointes à la première et à la dernière feuille de l'impression (1).

» Au *verso* du frontispice se trouve la dédicace de l'auteur au premier président, François de Belcier : *Francisco a Belcerio Burdegalensis senatus archipresidi meritissimo ac equiti generoso, Gabriel de Tarregua.* »

Les matières traitées par Tarregua sur les instances du premier président, nous apprend encore Delpit, ne sont pas rangées, comme dans presque tous les autres ouvrages du docteur bordelais, par ordre alphabétique. Une table placée au commencement du volume supplée à cet inconvénient, en facilitant les recherches. L'auteur y examine méthodiquement toutes les parties de l'hygiène qui peuvent influer sur les fonctions de l'estomac, les bains, le travail, les plaisirs charnels, etc.

Le seul exemplaire connu de ce livre a changé de mains depuis le temps où Delpit a écrit sa notice. Il se trouve

(1) Nous avons déjà signalé l'emploi de couvertures imprimées pour des livres en 1520 à Toulouse par l'imprimeur Jean Faure (Voir *les Enlumineurs, les Relieurs, les Libraires et les Imprimeurs de Toulouse aux* xve *et* xvie *siècles,* par A. Claudin. Paris, 1893, in-8°, pp. 54-55, note au bas de la page).

actuellement, nous a-t-on assuré, dans la collection bordelaise de M. Labadie.

En 1536, parut une nouvelle édition revue et augmentée du grand ouvrage ou dictionnaire médical de Tarregua qui avait paru seize ans auparavant en 1520. Delpit en a donné encore le titre que voici : *Repertorium sive compendium medicinalis sciencie theorice et practice ex dictis antiquorum fideliter extractum, cum una tabula alphabetica totius operis Gabrielis de Tarregua burdegalensis medici regentis et ordinarii, secundo recognitum et per eumdem ampliatum ad utilitatem legentium.* Ce titre est entouré des mêmes vignettes que celles que l'on voit dans l'ouvrage précédent, y compris la figure du médecin astrologue censée représenter l'auteur. Le volume se compose de 90 ff. chiffrés et à la fin on trouve le *colophon* de l'imprimeur : *Impressum Burdegale per Johannem Guyart, calcographum, prope Sanctam Columbam commorantem, et finitum V die septembris, anno Domini millesimo quingentesimo tricesimo sexto.* L'exemplaire décrit a été donné par l'auteur lui-même. Au milieu du titre on lit l'inscription suivante : « *Hoc liber* (sic) *nos donavit author Burdegale, anno 1536, sexto calendarum octobris.* » Il est relié avec l'ouvrage précédent de 1533-1534 et c'est également le seul exemplaire que l'on connaisse à ce jour.

Delpit ne connaît aucune impression de Guyart après 1536 jusqu'en 1542, date à laquelle son ancien apprenti Morpain reprit l'atelier. Il ne peut citer que deux extraits des registres du Parlement de 1541 et 1542 dans lesquels sont donnés les titres de deux libelles imprimés par lui et condamnés à être lacérés et détruits. Nous allons essayer de combler cette lacune et nous parlerons en même temps d'impressions non datées de Guyart dont nous établirons la chronologie. Deux ou trois d'entre elles viendront remplir en partie le vide des premières années de l'exercice de notre imprimeur.

IV

Autres impressions de Guyart. — Ses publications populaires. — Pamphlets satiriques. — Fin de sa carrière typographique.

Mentionnons d'abord une troisième édition des *Gestes des Solliciteurs* d'Eustorg de Beaulieu portant la date de 1537. On en trouvera la description dans le catalogue de la bibliothèque de M. le baron James de Rothschild (t. Ier, n° 519). C'est un petit in-4°, gothique, de 10 ff. de 37 lignes à la page, signatures A-B par 4 et C par 2. Le titre entouré de fragments de bordures porte la marque de J. Guyart et cette mention :

> *Imprimé nouuellement a Bourdeaulx*
> *par Iehan Guyart Imprimeur demourant*
> *deuant saincte Coulombe.* M. D. XXXVIJ.

Au verso du dernier feuillet, on trouve une grande gravure sur bois représentant un navire armé de canons, avec ces vers à l'entour :

> Enseigne-moy, mon Dieu, Tant que en céleste lieu
> Que ton vouloir je face, Ie puisse voir ta face.

L'exemplaire, unique jusqu'à ce jour, faisait partie de la bibliothèque du docteur Desbarreaux-Bernard (n° 343 du catalogue), avant de passer dans celle du baron de Rothschild.

Guyart publia en septembre de la même année un livret petit in-4°, de 16 ff., en gothique, à 2 colonnes de 46 lignes à la page. C'est un résumé de la procédure criminelle rédigé en CCI articles, par Antoine Colomban, docteur en droit. Cet opuscule qui n'est cité par aucun bibliographe fait partie de notre collection. L'auteur était Lyonnais. Une première

édition, citée par Du Verdier, aurait paru à Lyon en 1533,
in-16, sans nom d'imprimeur. Voici un fac-similé du titre de
l'édition de Bordeaux :

Après le libellé du titre, on remarque la nouvelle marque de
Jean Guyart, dont nous avons déjà parlé et dont nous avons
constaté pour la première fois la présence, en 1528, à la fin
des *Coustumes generalles de la ville de Bourdeaulx*. La date
du 30 septembre 1537 se trouve au dessous.

Au verso du titre, on voit une gravure sur bois du roi David symbolisant la justice, d'après une citation du 44e psaume.

Cette gravure, qui occupe toute la page avec encadrement, est tirée d'un ancien livre d'heures. Nous la reproduisons ci-contre à la page 62, en face.

Le texte finit au *recto* du 16e et dernier feuillet, et se termine par l'énonciation du nom de l'auteur : « *Antonius Colombanus, juris doctor minimus.* » Le colophon se trouve au dessous. Nous reproduisons une partie de cette dernière page, avec son achevé d'imprimer.

ccclxiiij.

❡De maiori tribunali ad minus vbi est preuentio.nō fit remissio in delictis:τ ita decisum fuit do. glo. cousue.bur.fo.ccclxxxix.

ccxlv.

❡Remissio de consnetudine semp .fit inter subditos eidez principi:et ita obseruatur de facto inter subditos totl⁹ regni auffre.q.capel.ccc. xx.do. glo. consue bur.ccclxxviij. cepol.d. cōsl. qz non est scissuz imperiū gallozuz. exēple des cōpaignōe darnaud crocheteurs de bou tieques q̃ furent tenuoyez de Viene a Lyon. cclxvi.

❡Judex domicilij requisitus tenetur remittere.l.i.c.vbi de crl.agi. opoz.secundum vnum intellectum quem approbat bar. licet.c.si.de foto compe.Et contra.

ccxlvij.

❡Vn bānitus:vbiᵹ possit puniri.

❡Modie ofii tēporales de consuetu dine habent cognoscere de propzia iniuria:verū est qz alteri cōmittunt alias de pse nō possent:vide andre beyzer.in ri.de probi,feu. alie.per sede.in.§.preterea si inter duos.

ccl.

❡Sic finis / qz cetera non possunt dari ppter casuum multiplicitates l.neᵹ leges.ff.de legi.si aūt aliqua minus sufficienter dixerim/redarguar: vt dicit Bar.in.l. nō solū.§. mozre.ff.de ope.no. tñ min⁹ bene dicta prosunt: nam incitāt alios ad plentozē inuestigatonē:vt dicit idē Bar.in trac.testimo. in pzin.si aūt bene laudetur dñs : non ẽ ministrant omnes equaliter de cōiectra. dist.liij.c.non tantum.

❡Antonius Columbanus.Juris doctoz minimus.

❧Cy fine ce presét liure / intitule le Sommaire somme de procéder es choses crīminesses. Imprime nouuessemēt a Bour ges aulp par Jehan Buyart. Impumeur demourant deuant Saincte Coulombe.

On remarquera à la première ligne avant le mot *Cy fine* un petit fleuron en forme de tronc d'arbre coupé. Ce fleuron

Nouuelles or donnances.

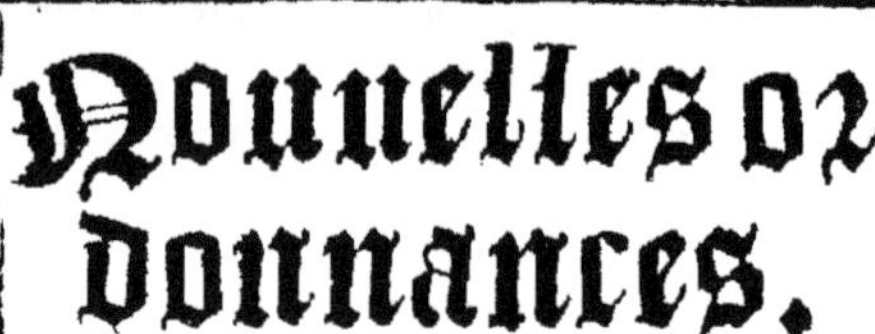

CEt edit du Roy nostre sire touchant Les iu
risdictions des Batllifz/Seneschaulx/et aul=
tres Juges presidiaulx/Et les preuostz/cha=
stellains/et aultres iuges inferieurs.

CIlz se Vendēt a Bourdeaulx en la boutich
de Jehan guyart. Jimprimeur et libraire iure
de Luniuersite demourāt deuāt saicte coulōbe
Imprimer p conge et auctorite de iustice.
M.D.XXXVm.

particulier à l'imprimerie bordelaise nous servira plus tard à identifier d'autres impressions sorties de l'atelier des successeurs de Guyart. Au *verso* de ce même dernier feuillet, la même marque de Guyart qui se rencontre sur le titre est répétée, avec encadrement de bordures, comme nous allons la trouver sur une autre impression qui se compose d'un cahier de *Nouvelles Ordonnances* de 6 ff. petit in-4°, imprimé en bâtarde gothique, à longues lignes au nombre de 41 à la page (1).

Le titre, dont on peut voir en face le fac-simîle, est encadré de bordures suivant l'habitude que Guyard tenait de son prédécesseur.

Il est daté de 1538 et au milieu on voit l'écu fleurdelysé aux armes de France.

Au bas de la dernière page de texte (6e f. *recto*), l'achevé d'imprimer est disposé en cul-de-lampe.

Fin de ces prese[n]tes ordo[n]na[n]ces Nouell=
leme[n]t imprimees a Bourdeaulx p[ar]
Iehan Guyart. le XIIJ iour de
Feburier. M. V. C. XXXVIIJ

Cette date de février 1538 (v. style), correspond à l'année 1539 (nouv. style). Au verso on voit la grande marque de Guyart dont il a été souvent question et que nous reproduisons ci-dessous dans ses véritables dimensions. Elle est entourée de bordures rapportées qui sont en partie les mêmes que celles du titre, mais disposées autrement. Au dessus, Guyart a placé comme frise ou fronton le monogramme avec initiales de Gaspard Philippe, son prédécesseur, au milieu d'un écusson entouré de petites gravures représentant la Nativité et l'Adoration des Mages. Ces petites figures, dans le style de celles des Heures imprimées à Paris par Pigouchet, sont sur fond criblé. Elles paraissent fatiguées par un long usage comme les bordures qui servaient à

(1) Cette pièce fait partie de notre collection, ainsi que le *Sommaire* d'Ant. Colomban.

encadrer les titres, depuis une vingtaine d'années qu'elles avaient été transportées, avec le matériel de Gaspard Philippe, de Paris à Bordeaux.

Le 16 novembre 1541, « Jean Guyart, imprimeur et libraire de Bordeaux, est mandé pour s'expliquer devant le Parlement, au sujet de certaines caricatures et images par lui imprimées.

Ledit Guyart promet de les lacérer partout le jour, ce qui lui est recommandé à peine de cinq cens livres et d'autre amende corporelle ».

Delpit, qui cite cet extrait des Registres du Parlement, donne le titre du libelle incriminé : *les Neuf Preux de Gourmandise.* « Qui est-ce qui connaît aujourd'hui, dit-il, cette production satirique *les Neuf Preux de Gourmandise* et quel prix les bibliophiles modernes ne la paieraient-ils pas? »

A ceci, nous répondrons que *les Neuf Preux de Gourmandise* existent bel et bien. Une pièce portant le même titre se retrouve dans les *Faictz et dictz* de Jean Molinet. Il en existe en outre deux éditions imprimées, avec la différence que dans ces éditions séparées, la pièce est en vers de huit syllabes, tandis qu'elle est en vers de sept syllabes dans les œuvres de Molinet. Le texte en vers octosyllabiques a été reproduit dans le *Recueil de poésies françaises* publié par A. de Montaiglon et le baron de Rothschild (t. II, pp. 35-41). L'original se trouve dans la bibliothèque du baron James de Rothschild, si riche en curiosités de ce genre. C'est un petit in-8° gothique de 4 ff. de 24 lignes à la page, décrit sous le n° 573 du catalogue rédigé par M. Émile Picot, sous ce titre :

L A   L O Y A U L T É   D E S

Femmes. Avec les neuf Preux de Gour=
mandise. Et une Recepte pour
guarir les yurongnes.

Au dessous, un bois grossièrement gravé représente un homme et une femme couchés dans leur lit et assaillis par quatre femmes dont les noms sont inscrits dans des banderoles : *Disette, Besoing, Necessité, Souffritce.*

La Loyaulté des Femmes est une pièce satirique divisée en quatre strophes de douze vers avec un envoi terminé par le même refrain. L'auteur y énumère une foule de choses toutes plus extraordinaires les unes que les autres et ajoute chaque fois que l'on verra se réaliser ces merveilles :

Lors verrez vous en femme loyaulté.

Ce qui équivaut à représenter la plus belle moitié du genre humain comme capable de tout, hormis du bien, et à la couvrir de réprobation.

Jean Guyart exécuta mollement la promesse qu'il avait faite aux magistrats. La pièce de la collection Rothschild qui est suivie des *Neuf Preux de Gourmandise*, représente bien, selon nous, le libelle incriminé, avec ses caricatures et son image. C'est la partie qui a été prise pour le tout. Les magistrats, qui n'avaient pas fait saisir le livret imprimé par Guyart, ne le connaissaient sans doute que par le bruit populaire et, n'en ayant retenu qu'une partie du titre qu'ils n'avaient pas vu, chargeaient paternellement Guyart de le détruire pour satisfaire à la morale publique et éviter le scandale. Nous sommes d'autant plus persuadé de la justesse de notre supposition, que dans le fac-simile du titre donné page 384 du catalogue de la bibliothèque Rothschild, nous avons reconnu les caractères de Jean Guyart, notamment la *petite bâtarde gothique* dont il s'est servi dans l'*Extrait de toutes les ordonnances* qu'il imprima en août 1530 et qu'il venait d'employer pour le texte des *Nouvelles Ordonnances* de février 1538 (v. style).

Pour ces raisons, l'édition du catalogue Rothschild (n° 573) doit être restituée aux presses de Jean Guyart à Bordeaux et la date approximative de 1530 indiquée par M. Picot doit être ramenée à 1541. Jean Guyart se servait, comme nous l'avons déjà fait remarquer, d'un matériel vieux de plus de vingt ans. M. Picot a été trompé par les apparences comme nous l'aurions été nous-même, tout le premier, si nous n'avions pas eu connaissance du passage des registres du Parlement précisant la date de la pièce.

Guyart devait avoir déjà débité un certain nombre d'exemplaires de cette pièce populaire à succès, avant d'avoir été appelé devant Messieurs du Parlement. Peut-être continuat-il à en vendre quelques-uns clandestinement, étant chargé de les détruire lui-même? Toujours est-il que le bois satirique du titre était resté dans son atelier et qu'il servit plus tard à faire une autre édition qui est également décrite dans le catalogue Rothschild sous le n° 574.

Les magistrats étaient-ils, avec le temps, devenus moins susceptibles sur l'honneur des femmes? La semence donnée à Guyart était-elle déjà oubliée? Nous ne pouvons résoudre ces questions. Nous pensons cependant que la réimpression de cette facétie n'a pas été faite par Guyart, mais par son successeur et vendue sous le manteau. Les caractères gothiques sont différents et les signatures sont en caractères romains dont ne se servait pas l'imprimeur bordelais.

Guyart était libraire et imprimeur juré de l'Université. Il était aussi l'imprimeur attitré du Parlement et avait la clientèle du clergé (1).

Il imprimait des pièces de littérature populaire. Le *Manuel du Libraire* de Brunet (t. II, col. 1756) mentionne deux pièces de ce genre : *la Complainte de trop tost marié* et *la Complainte de trop tard marié*, que nous avons vues à la Bibliothèque nationale sous la cote Y 3010-3015, Réserve. Elles font partie d'un recueil petit in-8°, de livrets gothiques ayant appartenu au roi Louis XVI, comme le porte une ancienne fiche d'inventaire collée contre la garde du volume au nom de *L. Capet*. Le titre de la première pièce est ainsi disposé :

L A COMPLAI[N]TE DE TROP
tost marie. Nouuellem[en]t imprime

Trop tost marie

Au dessous, le reste de la page est rempli par la figure gravée sur bois d'un jeune homme qui tient une fleur de la main gauche et de la main droite une branche d'arbre. A droite le signe du Bélier.

(1) Le 14 mars 1529, sire Jean Guyart, maître imprimeur, fut chargé par messire Jean de Dieuzaide, prêtre et prieur de l'hôpital de la Chapelle du Saint-Esprit à Bordeaux, de recueillir, au nom dudit prieur, les profits des émoluments et des annones, offrandes et autres revenus dudit hôpital. (Delpit, *Imprimerie en Guyenne*, p. 62.) — Il imprima pour le compte de messire Louis Dumas prêtre, neuf rames et demie, dont nous avons donné l'explication au chapitre précédent.

Cet imprimé se compose de 4 ff. seulement, de 23 lignes à la page pleine, en gros caractères gothiques de 11 points environ, les mêmes que ceux employés à partir de la seconde ligne du titre des œuvres de Tarregua, publiées en 1523 par Guyart. La dernière page n'a que cinq lignes de texte suivies de cette formule finale :

Cy fine Trop tost marie.

Au dessous, on voit la planche oblongue des armoiries de la ville de Bordeaux qui se trouve sur le titre du *Compendium* de Tarregua daté de 1523, et que nous avons reproduite page 39. Dans la *Complainte de trop tost marié*, les armoiries ne sont pas entourées des petites bordures qu'on voit dans le *Compendium;* les filets de cadre de la planche elle-même sont visiblement moins usés et ne présentent pas les mêmes cassures, de sorte que cet examen matériel nous permet de classer maintenant ce livret parmi les premières productions de Guyart, antérieures à 1524, dont nous n'avions pas encore de traces (Voir p. 30).

La *Complainte de trop tard marié*, qui suit, est de Gringore. Le titre est ainsi disposé :

LA CO[M]PLAINTE DE TROP tard marie.

Au dessous de ces deux lignes, la page est remplie entièrement par la grande marque de Gaspard Philippe « aux Dauphins », avec cette seule différence que, dans la banderole creusée en *passe-partout*, le nom de Gaspard Philippe a été remplacé par celui de *Jehan Guyart*, en lettres gothiques d'imprimerie. La pièce se compose de 8 feuillets en caractères gothiques de 11 points, 23 lignes par page comme au livret précédent. Le texte finit au *recto* du 8e feuillet. Le *verso* est occupé par la même gravure sur bois du jeune homme tenant une fleur, qui se voit sur le titre de la *Complainte de trop tard marié.*

Le filigrane du papier est une main ouverte. Ces deux pièces, qui sont la contre-partie l'une de l'autre, doivent avoir paru à la suite, vers la même époque.

Nous avons vu, il y a vingt-cinq ans environ, un exemplaire incomplet du *Débat du Vin et de l'Eau,* pièce petit in-8° gothique, en vers de huit syllabes, laquelle, pour être complète, aurait dû se composer de 8 feuillets, et qui portait sur le titre la marque des deux Dauphins avec le nom de Guyart. Cette pièce était précédée d'une autre dont nous avons relevé le titre exact :

LA PRENOSTICATIO[N] OU RE=
uelation diuine que Dieu reuela au
sai[n]ct Esdras, la q[ue]lle est perpetuelle.

Au dessous de ces trois lignes, la même marque que celle figurant à la fin du *Débat du Vin et de l'Eau.* Au 4ᵉ feuillet, la fin était disposée ainsi, en forme de losange, avec une croix de Malte en pointe :

Cy fi=
nist la prenosti=
catio[n] ou reuelatio[n]
que Dieu reuela au bon
sainct Esdras. Im=
prime a Bourd'
par Jehan
Guyart.
✠

La pièce en question, qui était alors quelque peu fripée et salie, a été nettoyée et mise en état, puis reliée (1). Elle a

(1) *La Prenostication* et *le Débat du Vin et de l'Eau* faisaient partie d'un très précieux recueil de pièces de poésie française, imprimées en lettres gothiques, qui avait été trouvé dépouillé de sa reliure et en assez piteux état, chez un brocanteur, par un bibliophile des Pyrénées, feu M. Vaus-

figuré depuis au catalogue de la bibliothèque du comte de Lignerolles sous le nº 590, où elle a été acquise par M. Henri Bordes, qui l'a mise à la dernière Exposition rétrospective de Bordeaux. C'est un livret, petit in-8º gothique, de 4 feuillets à 22 lignes par page. Il ne porte pas de date, mais, d'après un passage par lequel l'avenir est prédit pour l'année 1529, il est évident que l'impression date de l'année précédente. Cette date de 1528 peut encore se justifier par le fait que Guyart changea sa marque dans le cours de cette même année 1528 et qu'il ne paraît plus s'être servi de

senat, ingénieur à Bagnères-de-Bigorre, plus tard directeur de l'observatoire du Pic du Midi. Il nous proposa sa trouvaille, dont il connaissait toute la valeur, et que nous lui achetâmes un prix assez élevé, comme on doit le penser. Nous cédâmes ensuite le recueil tel quel à M. de Lignerolles, qui fit mettre en état et relier séparément toutes ces pièces, sauf celle du *Débat du Vin et de l'Eau*, à laquelle les dernières pages avaient été arrachées. Nous avons conservé une liste sommaire des pièces, au nombre de dix, qui composaient le volume :

1º Deploration sur le trepas de la feue royne de France, Claude femme de François Ier, avec l'épitaphe d'icelle royne. 4 ff., titre encadré aux armes de France.

2º Le procès de deux amans playdant en la court de Cupido la grace de leur dame, fait par Bertrand Desmarius de Masan. Fig. s. le titre. Préambule en prose. 15 ff. prose et vers.

3º Epistre du bon frère qui rend les armes d'amour à sa sœur demoyselle en Lyonnois et le dict des pays joyeulx. 8 ff.

4º Le De Profundis des amoureux. 4 ff.

5º Doctrinal des filles pour apprendre à estre bien saige. Nouvellement imprimé à Lyon. 4 ff.

6º Merveilles advenues en cest an 26, revellé par les dieux à Leger. Ridebis. Fig. s. bois. 8 ff.

7º La femme moqueresse moquée. 4 ff.

8º Sensuit le sermon des frappe-culz nouveau, avec la response de la dame sur la chanson. 4 ff.

9º Prenostication ou revelation divine que Dieu revela au bon saint Esdras. Avec la marque de J. Guyart.

10º Le débat du vin et de l'eau. Marque de J. Guyart, incomplet de la fin.

Toutes ces pièces se retrouvent avec plus de détails dans le catalogue de la vente Lignerolles, sauf la pièce incomplète du *Débat du Vin et de l'Eau*, dont nous ignorons le sort.

l'ancienne marque de Gaspard Philippe « aux deux Dauphins » à partir de 1529.

Cette pronostication n'est pas la seule qu'ait imprimée Jean Guyart. M. Fray-Fournier, auquel nous sommes redevable de la découverte du *Directoire de la Vie humaine*, a trouvé, dans le même carton de couverture, quatre feuillets de *la Grande Prenostication des Laboureulx* qu'il s'est empressé de nous communiquer. Le premier feuillet, dont nous donnons ci-après le fac-simile, est mutilé dans le bas à droite. Au dessous du titre en trois lignes, on voit une gravure sur bois : dans le ciel, à gauche, un globe étoilé ; à droite, un dragon ailé plane dans les airs. Plus bas, sur le sol, à gauche, un berger, ou plutòt un pèlerin, avec un long bâton de voyage, lève la main droite et semble indiquer un chemin ; à còté, deux chèvres se dressent et vont lutter, leurs têtes l'une contre l'autre. Dans le fond, la silhouette d'une ville avec un fleuve coulant au pied de ses murs. L'explication de cette figure est donnée dans les diverses éditions du *Kalendrier et Compost des Bergers*, au chapitre intitulé : *le Dragon volant; — Chievres de feu saillantes; — le Chemin Saint Iaques*, et dont voici le texte :

« Bergiers qui couchent par nuit aux champs voyent plusieurs impressions en lair et sur terre que ceulx qui couchent au lit ne voyent mie. Aucunefoys ont veu en lair une maniere de comete en façon de dragon iettant feu par la gorge. Laultrefoys ont veu du feu saillant en maniere de chievres qui saultent sans durer longuement. Et aultrefoys une impression blanche laquelle apert tout temps par nuyt et a toutes heures laquelle ilz appellent le grant chemin de saint Iaques en Gallice. »

La figure ci-dessus décrite est suivie de ces quatorze vers :

Prenostication nouvelle
Des anciens laboureulx m'appelle
Je fus de Dieu transmise aux vieulx
Qui m'ont approuvée en tous lieux
Et comme diray mot à motz
Les anciens ne sont pas sotz.

LA grande Prenostication des laboureulx / Durant a toussiourlmais faicte Et composee par les anciens / par vsaige de scauoir.

Renostication nouuelle

Des anciens laboureulx ma ppelle
Je fus de dieu transmise aulx vieulx
Qui mont approuuee en tous li
Et comme diray mot a motz
Les anciens ne sont pas sotz
Achapte moy quant maura   eu
Car tu ne seras point deceu
Je te donray vne doctrine
Qui te vauldra dor vne
Et hardiment sur moy t
Car ie deure aut

Achapte moy quant m'auras veu,
Car tu ne seras point deceu.
Je te donray une doctrine
Qui te vauldra d'or une mine
Et hardiment sur moy te fonde
Car je deure autant que le monde.
Et si te veulx bien advertir
Que je ne te veulx point mentir.

Nous avons restitué le texte mutilé et nous donnons les deux derniers vers d'après d'autres éditions imprimées à Paris, à Lyon et à Avignon (1).

Le texte de notre édition débute par une lettre majuscule P ornée sur fond criblé, laquelle est exactement la même que celle qui se remarque en tête du texte du *Directoire de la Vie humaine* ou *Instruction salutaire* de François Bellemère (voir fac-simile, p. 55) et au commencement de la seconde partie du Bréviaire de Saint-Seurin (voir fac-simile, p. 34). Les autres caractères que nous avons vérifiés sont identiques à ceux du *Directoire de la Vie humaine* portant le nom de Guyart (voir fac-similés, pp. 54-55). Le filigrane du papier est la tête de bœuf avec cornes ramenées en forme de cercle au dessus de la tête, marque particulière à la région et que nous retrouvons notamment dans les deux éditions des œuvres de Tarregua imprimées à Bordeaux en 1520 et 1524. Conformément à ces données, l'attribution aux presses bordelaises de la *Grande Prenostication des Laboureulx* n'est pas douteuse. Cette impression doit être portée à l'actif de Guyart. Quant à la date, elle ne peut être

(1) *La Grande Pronostication des Laboureurs durant à tout jamais...* Nouvellement imprimée à Paris, sans date. In-4° goth. de 4 ff. (BRUNET, *Manuel du Libraire*, IV, col. 901). — *La Pronostication des Laboureurs*, en rue Thomassin (à Lyon), chés James Musnier, sans date. In-4° de 4 ff. (collection Baudrier, à Lyon). — *La Grande Pronostication des Laboureurs durant à tout jamais*, faicte et composée par les anciens par usage de sçavoir. Imprimé en Avignon, par Jean DE CHANNEY, sans date. Pet. in-8° carré de 8 ff. (Bibliothèque Nationale, Réserve : p. V, 148). Il existe encore d'autres éditions lyonnaises de ce livret populaire.

¶ Quant on cõptera appres la natiuite nostre seigneur.
iesuchrist. m.v.c.xlii.ans. xi. iour daoust sera ecclipse en=
tier du souleil dedans la nupt.

¶ L an mil.v.c.lxiiij sera arriere vng ecclepse tout entier
au souleil le.xxiiij.iour de ianuier environ.ix.heures de=
uant midy.xvij.minutes.

¶ Item lan.M.v.c.lxxiiij.sera.D.lettre dominicaile.&
b.sepmaines et iij.iours entre nouel et le dimenche gras
Le nombre dor.xvi.& le iour de nostre dame de chã deleur
sera le lundy aps le dimenche gras. Et sera nouuelle lune
ce mesme iour apres midy a.viii.heures et.lii.minutes.
et cecy aduient en cent ans / et aulcuns ans plus deuant
ou apres non plus que vne foys au temps.

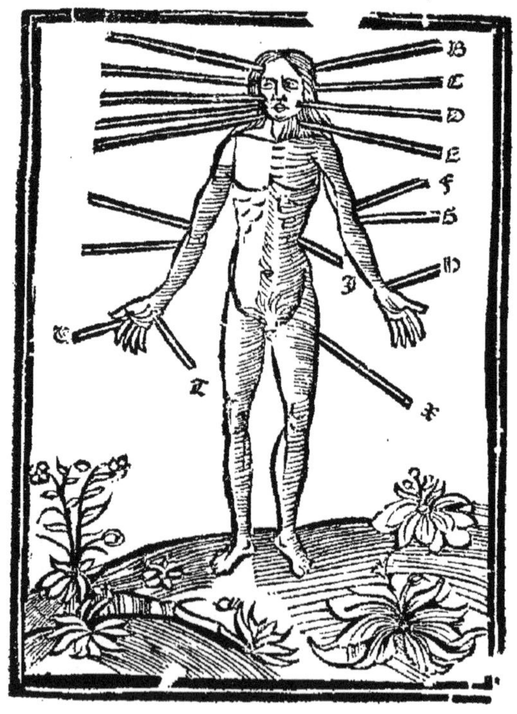

postérieure à 1542. On trouve à la première page, dans les premières lignes, la prédiction d'une éclipse de soleil pour cette même année; il est donc évident que le livret qui annonce ce pronostic a dû paraître, selon l'usage des almanachs prédisant l'avenir prochain, dans les six derniers mois de l'année précédente, et même plus tôt. Au bas de la dernière page, un bois grossièrement gravé représente l'homme anatomique selon les signes adoptés à cette époque. Sauf les parties mutilées du texte, la pièce est complète en 4 feuillets petit in-4° de 35 et 36 lignes par page. Nous donnons ci-contre le fac-simile de cette dernière page avec la figure en question.

La même couverture qui recélait le *Directoire de la Vie humaine* et la *Grande Prenostication des Laboureulx* contenait la feuille E d'un recueil de vieux noëls populaires imprimés avec les mêmes caractères gothiques. Le format est petit in-8°. Le papier n'a pas de filigrane. On n'y retrouve pas, il est vrai, les lettres ornées des autres impressions de Guyart, mais la disposition typographique des pages à 23 lignes est la même que dans la *Complainte de trop tost marié* et dans la *Complainte de trop tard marié*, et les noëls débutent par des lettres tourneures comme dans ces dernières pièces; il y a là des présomptions pour attribuer ces noëls aux presses de Guyart, et peut-être conviendrait-il de les classer parmi les premières impressions de ce dernier exécutées avant 1523, le caractère paraissant bien moins fatigué que dans d'autres, comme on pourra en juger par le fac-simile ci-après d'une page de ces noëls.

L'exemplaire des *Constitutiones synodales Ecclesie Vasatensis*, imprimées à La Réole par Jean Maurus en 1517, que possède la Bibliothèque publique de Troyes, conserve, collées contre la couverture intérieure, des pages en caractères gothiques qui ressemblent tout à fait aux premières impressions bordelaises. La photographie d'une de ces feuilles qui a été communiquée par Mlle Pellechet nous a permis de constater l'identité des caractères. La feuille dont le haut était encastré dans la couture des cahiers du livre n'a pu être

Noel nouueau Sur le chant de
Loftiere. Uoy la bon.

Noel chantons de bon hait
Pour ce beau roy nouuellet
Qui nous met hozs de mifere
Dung lieu parfont et infect.
Uoy la bon
Et marionnette venez don
Don don don.
¶ Qui nous met hozs de mifere
Dung lieu parfont et infect
Pour adam le pzemier pere
Qui auoit tout ce mal fait
Uoyla bon   & cetera.
¶ Pour adam le pzemier pere
Qui auoit tout ce mal fait
Mais la pucelle eft venue
Qui a repare le fait
Uoy la bon   &c.
¶ Mais la pucelle eft venue
Qui a repare le fait
La trinite incongnue
La bien mys en fon effect

photographiée en entier, de sorte que nous n'avons pu compter le nombre de lignes de la page que nous supposons être de 22 ou 23 par page comme aux autres éditions de format petit in-8° carré imprimées par Guyart. Le format est bien l'in-8° et non l'in-4° à deux colonnes comme on pouvait juger à première vue. La distance entre les deux colonnes serait trop grande pour un in-4° et les chiffres des chapitres du texte plus élevés à gauche qu'à la colonne de droite démontrent que l'ordre des chiffres commence par ix à la page de droite (*recto*); les numéros xvii et xviii placés à gauche formant le *verso* de la dernière page du cahier à la pliure. On peut voir, d'après le fac-simile ci-contre, la position de ces deux petites pages telles qu'elles sont collées sur la couverture du volume.

deuant tous aultres iuges de no-
stredit royaulme et dauphine estre
iugies & decidez   xvij.
¶Item Auons ozdonne & ozdon-
nons q̃ les escoliers ne pourrõt do
zesnauãt faire côuenir aueües parties p̃ vertu des puileiges par no⁹
et noz pdecesseurs dônes auso vni
uersites p̃ deuant les ãseruateurs
de nosõ puileiges hozsles ressoz
de nosõ cours soubz lesquelles sont
les bniuersites des pzeuileiges des
queulx sẽtẽdẽt apder lesõ escoliers
                        xviii .
¶Itez Pource que es pays de no-
stredit royaulme regis par dzoit es
cript les greffiers grossoyent les
pzoces et dedans la grosse dyceulx
inserẽt les escriptures des parties

ra q̃lz apent estudie par troys ans
en faisant vne foys aparoit auso.
collateurs ou patrons dycelle no-
blesse.   ix.
¶Item Et du quel temps destude
lesditz gradues simples & gradues
nõmez ferõt dozesuauant aparoit
ausditz collateurs et patrons ou a
leurs vicaires generaulx en leur
absence p̃ certification dela faculte
en laq̃lte ilz auront estudie et acq̃s
leur degre. Iusq̃lles facultes nous
emoignons faire bon & loyal regi
stre du temps q̃lz auront estudie et
estudieront soubz enlx sans fraude
leursõ escoliers & suppostz. Et dece
faire ont lesditz maistres docteurs
et regens esditez facultes serment
solennel aleur maistrise et regence.

Nous n'avons pu déterminer exactement quel était le titre de l'ouvrage qui nous paraît être un recueil d'ordonnances ou de privilèges en faveur des écoliers et des étudiants de l'Université.

Nous avions d'abord supposé que ce pouvait être une édition en petit format du *Stille de la Court de Parlement* à la fin duquel se trouvent ajoutés les arrêts « *touchant les priuileges de Luniversité de Paris* », cité précédemment par erreur à la date de 1527 (voir p. 45), mais qui doit être rétabli ici à sa véritable date de 1537 (M.CCCCC.XXXVII) ainsi que nous l'avons vérifié depuis (1). Cette dernière impression ne nous étant alors connue que par un titre isolé, nous n'avions pu en conférer le texte avec celui des pages susdites. La découverte d'une autre édition de ce recueil à la date de 1530 et dont nous allons parler nous a mis à même de constater que le texte des ordonnances concernant les privilèges de l'Université de Paris différait totalement du nôtre. Quoi qu'il en soit, la présence de ces pages dans la couverture des Constitutions synodales du diocèse de Bazas imprimées à La Réole, la conformité des types avec ceux employés à Bordeaux, nous font penser que nous avons là une impression jusqu'ici inconnue de Gaspard Philippe ou de Jean Guyart.

Ces observations sont faites pour éveiller l'attention, et si l'administration de la Bibliothèque de Troyes se décidait à faire décoller et isoler les pages en question, peut-être trouverions-nous dans les débris que recèle cette couverture des éléments plus précis d'information.

L'édition du *Stille de la Court de Parlement* que nous avons découverte pendant le cours de la rédaction de ce chapitre nous a été signalée par M. l'abbé V. Dubarrat qui l'a mise gracieusement à notre disposition afin que nous puissions l'examiner et l'étudier à loisir. C'est un petit in-4°

---

(1) C'est par suite d'une erreur de plume, de l'omission d'un *X* dans notre transcription, que nous avons commis ce *lapsus* que nous nous empressons de rectifier.

LE stille de la court
de parlement Et des requestes du pa
lays. ¶La declaration des pays & puinces
subgetz a ladicte court. Qui sont les pers de
france/auec leurs prerogatiues. Et les nõs
des aduocatz plaidans en ladicte court. Et
aussi les noms des procureurs estãs en icelle
auec certains arrestz de ladicte court Et mes
mement touchant les priuilleges de lunuier=
site de Paris.

gothique de xx feuillets chiffrés, formés par 5 cahiers avec signatures de A à E par 2 (4 ff. par cahier). Le caractère est la *petite bâtarde gothique* employée pour l'*Extrait de toutes les ordonnances* daté d'août 1530 et les *Nouvelles ordonnances* de février 1538 (v. style). Les pages pleines ont 37 lignes non compris le titre courant et la signature. Le filigrane du papier est la tête de bœuf avec les cornes ramenées en forme de cercle, marque que nous avons déjà signalée dans les livres imprimés à Bordeaux. Le titre, dont on trouve ci-avant le fac-simile, n'est pas disposé de la même manière que dans l'édition de 1537 (voir p. 45).

L'édition de 1530 contient en plus « *les noms des advocatz plaidans en ladicte court. Et aussi les noms des procureurs estans en icelle* », mention qui n'existe pas sur le titre daté de 1537.

L'édition de 1530 a été achevée d'imprimer le 18 octobre comme l'indique ce libellé final : « *Cy fine le stille de la court de parlement et des requestes du palays. Imprimé par Jehan Guyart, libraire de luniversité et fut achevé dimprimer le dix huitiesme jour de octhobre (sic). Lan de grace de nostre seignieur mil cinq cens trente.* » Au dessus de ces lignes, à la dernière page, on voit une grande gravure sur bois représentant une galère royale armée de canons avec la devise : « *Sic transit mundus* » que nous avons déjà vue à la fin de l'édition des *Gestes des Solliciteurs* datée du 27 juillet 1530. Autour on lit ces vers :

> Enseignie *(sic)* moy mon Dieu
> Que ton vouloir je face
> Tant que an *(sic)* seleste *(sic)* lieu
> Je puisse vouar *(sic)* ta fasse *(sic)*.

Cette marque de la galère comme nous l'avons décrite, avec le quatrain ci-dessus présentant des différences d'orthographe, est reproduite dans la troisième édition des *Gestes des Solliciteurs* de 1537.

On trouvera ci-contre le fac-simile de la dernière page du

Stille de la Court avec cette gravure que nous considérons comme une troisième marque de Guyart que n'a pas connue Delpit et qui ne se trouve pas dans le recueil de Silvestre.

Cy fine Le stille de la court de parlemēt et des requestes du palays. Imprime p Jehan guyart libraire iure de luniuersite et fut acheue diprimer le diphuitiesme iour de octhobre. Lan de grace de nostre seigneur Mil. Cinq cens trente.

L'exemplaire du *Stille de la Court* que M. l'abbé Dubarrat a mis à notre disposition était relié avec une édition des

Coustumes generalles de la ville de Bourdeaulx, senechaussee de Guyenne et pays de Bourdeloys également imprimée par Guyart et datée du 25 avril 1532.

Cette autre impression qui n'a été citée par aucun bibliographe nous était inconnue. Nous allons en donner la description.

Après le titre dont on voit le fac simile ci-contre, on trouve au verso de ce premier feuillet l'extrait des registres du Parlement de Bordeaux en date du 4 septembre 1527 permettant à « Jehan Guyart maistre imprimeur de la ville de Bourdeaulx » d'imprimer les Coutumes de Bordeaux et du pays des Landes avec défense « à tous libraires, marchans et autres de quelque estat et condition qu'ils soyent, de ne imprimer ou faire imprimer jusques à quatre ans lesdictes coustumes ».

La page en face, au feuillet suivant, contient l'arrêt du Parlement faisant « inhibition et deffence à maistre Jehan Pontac greffier civil et criminel de la court de parlement de ne vendre en auculne maniere que ce soit les coustumes de Bourdeaulx par luy faictes imprimer à Paris ». Nous avons déjà eu occasion de parler (p. 46) de cette édition subreptice de la Coutume dont la vente fut interdite à Bordeaux. Au verso du second feuillet est placée la table « des chappitres ou rubriches de ces présentes coustumes ».

Les deux premiers feuillets sont sans chiffres ni signatures. Le « Proces-verbal » commence le cahier suivant qui porte au bas la signature A *i* et en haut la pagination *Fol.* I. Le procès-verbal finit au *verso* du fol. IV. Au bas de la page on voit un bois grossièrement gravé des armes de France entourées du cordon de l'ordre de Saint-Michel.

Les Coutumes proprement dites commencent au cahier B *i* *fol.* V, par ce titre de départ :

S EN SUYT LA TENEUR DES COU=
stumes du pays de bourdeaulx & bourdeloys arre=
stees par nous Francoys de belcier cheualier co[n]seillier & pre=
mier president de la court de parlement de Bourdeaulx.

Le texte finit au *recto* du fol. xx. Il est suivi de cet achevé d'imprimer au bas de la page :

Cy finissent les coustumes de la ville de Bourdeaulx seneschaucee de Guyenne et

pays de Bourdeloys. Imprimees a Bour=
deaulx par Jehan Guyart Libraire de luni=
uersite dudict Bourdeaulx & fure[n]t acheuees
dimprimer le xxv. iour de auril mil cinq
cens trente deux.

Le *verso* de ce dernier feuillet est occupé par la deuxième marque de Guyart, la même que l'on voit sur le titre du *Stille de la Court* et d'autres livres.

Le caractère employé est une *bâtarde gothique* de 12 points. Les pages pleines ont 32 lignes non compris le titre courant et les signatures. Les cahiers sont au nombre de six. Le premier est formé d'une demi-feuille de 2 feuillets sans signature. Les autres sont de A à E par 2 (4 ff. par cahier).

Le filigrane est encore la tête de bœuf avec cornes ramenées en cercle.

On trouve ci-dessous un fac-simile des dernières lignes du texte et du *colophon* :

cxvij.

¶ Et ceschoses arrestees ne nuyront quāt aux successions et autres questiõs passees. Mais seulemēt a celles qui sõt aduenir. Et esdictes choses passees lon ne pourra alleguer ce qui a este arreste.   Ainsi signe   ſi.   De Belcier.

¶ Cy finissent les coustumes de la Bille de Bourdeaulx sen eschaucee de Guyenne et pays de Bourdeloys. Imprimees a Bourdeaulx Par Jehan guyart Libraire de luniuersite dudict Bourdeaulx a furēt acheuees dimprimer le. xxv. iour de Auril Mil. cinq cens trente deux.

D'après Delpit, Guyart aurait imprimé en 1543 une chanson satirique contre un nommé Mathieu Contat, huissier au Parlement. Ce dernier avait été commis par la Cour pour aller à Libourne procéder à quelques informations au sujet des troubles causés par la perception de la gabelle et avait été victime de sévices. Les auteurs de ces désordres furent arrêtés, conduits à Bordeaux et jugés par le Parlement. Le populaire prit fait et cause pour les condamnés et un libelle intitulé : *la Passion de Contat* courut les rues et les carrefours de Bordeaux. Le Parlement s'en émut et rendit à ce sujet l'arrêt suivant :

« La Court avertie aucuns personnaiges avoir faict et composé certain libelle fameulx (c'est-à-dire diffamatoire) contre Mathieu Contat huissier en icelle intitulé : *la Passion de Contat*, a faict et faict inhibition et deffence à toute maniere de gens, de quelque estat et condiction qu'ils soyent, de ne lire, chanter, ne publier en aulcune maniere ledict libelle fameulx appelé *la Passion de Contat*, ne aultre libelle fameulx contre icelluy de Contat et enjoint à tous ceulx qui en ont aulcuns de les rompre incontinent et sans delay ; le tout à peine du fouet et autre amande arbitraire. » (ARCHIVES DE LA GIRONDE, B 24.)

Aucun exemplaire de ce libelle n'a été retrouvé, si tant est qu'il ait été réellement imprimé ; car il est fort possible que ce fut simplement une chanson qui courut en copies manuscrites. Nous doutons que Guyart, qui était l'imprimeur attitré du Parlement et qui venait de s'attirer une semonce pour avoir imprimé *les Neuf Preux de Gourmandise*, se fût exposé à une condamnation plus sévère en publiant un écrit qui prenait à partie les magistrats et ceux qui exécutaient leurs ordres.

Nous lui attribuerons plus volontiers une pièce facétieuse en vers et qui ne tirait pas à conséquence, intitulée : *le Testament et epitaphe dizaine de maistre Françoys Le Levrault sergent royal en la senechaussée de Guyenne*, pet. in-4° gothique de 12 ff. de 21 lignes. Cette pièce, qui se trouve au British Museum, dans un recueil coté 1073 a. q. 5, est imprimée avec la *petite bâtarde gothique* de Guyart ; la première ligne seule est imprimée avec la grosse gothique des *Nouvelles ordonnances* de 1538. Le texte de cette pièce a été donné dans le recueil des *Poésies françaises* publié par

MM. A. de Montaiglon et J. de Rothschild, de la *Bibliothèque elzévirienne*. Nous n'avons encore recueilli aucun élément qui nous permette de fixer une date à cette impression.

On ne connaît pas l'époque précise de la mort de Guyart, mais il est à peu près certain qu'il n'imprimait plus en 1542. C'est la conclusion que l'on doit tirer de l'apparition, cette année même, d'ouvrages portant le nom de François Morpain, dont il avait été le maître d'apprentissage et qui reprit la suite de ses travaux.

Guyart qui s'était marié avec la veuve de Gaspard Philippe eut d'elle un fils nommé Étienne, mais il ne succéda pas à son père et on ne sait s'il mourut en bas âge ou s'il lui survécut. Sa femme, Gilette Moline, vivait encore le 25 décembre 1536 (1).

Avant de nous occuper de François Morpain, qui continua le premier atelier typographique de Bordeaux, nous allons nous résumer en dressant pour plus de clarté un tableau sommaire, par ordre chronologique, des impressions bordelaises que nous avons pu découvrir jusqu'à présent.

ATELIER DE GASPARD PHILIPPE

1519. — Tarregua. *Tracté contre la Peste.* In-4°.
1519. — *Commandemens de Dieu* (page d'épreuves).
1519. Veille et jour de Noël. — *Ant. Nebrissensis Grammaticæ introductio.* In-4° (fragments).
1520-21. — Gabr. Tarregua. *Summa diversarum quaestionum medicinalium.* In-folio (2).

(1) Son testament, que nous avons déjà cité (p. 102) d'après Delpit, porte à la fin cette apostille : « *Cancellé a esté le present testament, du consentement de la testeresse, le xxv° jour de décembre MV° XXXVI.* »

(2) Nous avions indiqué l'exemplaire de la Bibliothèque Nationale comme unique jusqu'à présent. L'existence d'un second exemplaire nous a été révélée depuis. Ce livre précieux se trouve à la Bibliothèque publique d'Orléans sous la cote C 2097. Il provient de l'ancienne bibliothèque des Capucins de cette ville avant la Révolution.

ATELIER DE JEAN GUYART

1524. 19 octobre. — Gabr. Tarregua. *Compendium.* In-folio.
1525. 15 mars (1524, v. style). — *Constitutiones Joh. de Fuxo Burdegalensis archiepiscopi.* In-4°.
1525. — *Arnaldi Landivisquei Condomiensis Polyanthea Logices.* In-4° (livre perdu).
1527. — *Coutumes des Landes* (livre perdu).

Nous n'avons pas mentionné ce livre dans le cours de notre travail, parce que nous n'en avons rencontré aucun exemplaire. Nous n'en avons trace que par le privilège obtenu du Parlement le 18 janvier 1527 (n. style), pour son impression par Guyart, document cité par Delpit (*Imprimerie en Guyenne*, p. 60).

1527. — *Guill. Piellei Elegiarum libri duo.* In-4°.
1528. 3 juillet. — *Coutumes générales de Bourdeaux.* In-4°.
1529. 23 août. — *Les Gestes des Solliciteurs.* In-4°.
1530. 27 juillet. — *Les Gestes des Solliciteurs.* In-4°.
1530. 25 août. — *Extrait des Ordonnances royaulx.* In-8°.
1530. 18 octobre. — *Stille de la Cour de Parlement.* In-4°.
1532. 25 avril. — *Coutumes générales de Bourdeaux.* In-4°.
1532. — *Statuta provincialia provinciæ Burdegalæ Car. de Acromonte.* In-4°.
1533-34. — Gabr. de Tarregua. *Commentaria super quod comeditur et bibitur.* In-fol.
1536. 7 septembre. — Gabr. de Tarregua. *Repertorium sive compendium medicinalis scientiæ.* In-fol.
1537. — *Les Gestes des Solliciteurs.* In-4°.
1537. 30 septembre, — Ant. Columban. *Sommaire forme de procéder extraordinairement ès causes criminelles.* In-4°.
1537. — *Stille de la Cour de Parlement* (fragment). In-4°.
1539. 13 février (1538, v. style). — *Nouvelles ordonnances.* In-4°.
1541. — *La Loyauté des femmes, avec les Neuf Preux de Gourmandise.* Pet. in-8°.

Bréviaire de Saint-Seurin. Pet. in-8° (fragments).
Vieux Noëls (fragments). Pet. in-8° carré.
La Complainte de trop tost marié. Pet. in-8°.
La Complainte de trop tard marié. Pet. in-8°.
Pronostication ou revelation au bon saint Esdras. Pet. in-8°.
Le Débat du vin et de l'eau. Pet. in-8°.
François Bellemère. *Directoire de la Vie humaine.* In-4° (fragments).
La Grande Prognostication des Laboureulx. In-4°.
Privileges des écoliers et étudiants de l'Université. Pet. in-8° (fragments).
Testament et épitaphe de François le Levrault, sergent royal en la sénéchaussée de Guyenne. In-4°.
La Passion de Contat (douteux).

Tout compte fait, nous avons recueilli les titres de trente-quatre ouvrages imprimés à Bordeaux de 1519 à 1541. Dans la liste qu'il a dressée, Delpit n'en a connu que douze. Nous avons presque triplé ce nombre. Si nous avons réussi à faire avancer dans une aussi large mesure les connaissances bibliographiques, nous n'avons pas la présomption de croire que nous avons dit le dernier mot sur la question. Il serait peu logique de conclure des lacunes qui existent encore dans l'exercice de Guyart que cet imprimeur n'a imprimé aucun livre pendant les années dans lesquelles nous n'avons trouvé aucune trace de ses travaux. Le temps, qui est un grand maître, nous rendra raison. Des découvertes restent à faire ; le champ n'est pas encore épuisé.

V

Le premier soin de Morpain en s'établissant à son compte fut de renouveler le vieux matériel de Guyart, qui avait fait un trop long usage. Au caractère gothique il substitua le caractère romain et s'en servit pour la première fois dans un *Ordo* du diocèse de Bordeaux dont Delpit donne le titre d'après l'exemplaire jusqu'à présent unique de la Bibliothèque de Bordeaux, n° 30,327 : *Institutiones temporales Verbi divini preconum de Eucharistia frena laxantium, cum perpetuis de sacrificio audiendo, de Eucharistia sumenda et ordinibus suscipiendis civitatis et diocesis Burdigalensis, de novo impressa per Franciscum Morpain.*

Au dessous de ce titre, on voit l'écusson des armoiries de l'archevêque Charles de Grammont. L'opuscule en question, de format petit in-4°, ne se compose que de six feuillets dont le dernier est entièrement blanc. Au verso du cinquième feuillet, un grand monogramme occupe la page. Ce monogramme, suivant Delpit, « peut être celui de l'archevêque ou une marque de l'imprimeur ». Il n'y a point d'autre date que celle de l'ordonnance de Charles de Grammont, qui est du 14 février 1541. L'année commençant à Pâques, l'impression n'a pu être faite qu'en 1542.

Delpit attribue aux presses de Morpain un très beau Missel de Bordeaux in-folio en lettres gothiques rouges et noires, imprimé en 1543, pour Étienne Tholouze et Louis Rostelin, libraires de cette ville, et dont il donne le titre qui suit :

Missale insignis ecclesie Burdegalensis peroptime ordinatum cum additione XIIII missarum : scilicet missa de sancto Sebastiano, de sancto Rocho, de sancto Raphaele, de sancto Joseph, de sancta Neomadia, de tribus sororibus, in locis propriis, atque de nomine Jesu, Nostre Domine Pietatis, de ejus presentatione, missa de spasmo beate Marie, de sancto Sudario, de sancto Gabriele, de sancto Job, de sancto Bonaventura, de dedicatione Ecclesie, misse trentenarii beati Amandi et sancti Gregorii, cum pluribus aliis, que nunquam in usu fuerunt posite, cum missis votivis. — Impressum expensis honestorum virorum Stephani Tholouʒe et Ludovici Rostelin, bibliopolarum, M. D. XLIII.

Ce titre est entouré de bordures historiées représentant des personnages et des animaux fantastiques. Sur l'une des vignettes du bas sont figurés deux anges agenouillés soutenant une croix fleuronnée, à droite d'un écu resté en blanc. Pour plus ample description du volume et de ses illustrations, nous renvoyons le lecteur au livre de Delpit (p. 79).

Quant aux libraires qui en firent les frais, nous ne sommes pas de l'avis de Delpit qui fait d'Étienne Tholouze un fils de Gaspard Philippe et de Gillette Moline, né à Toulouse, qui aurait changé son nom patronymique en celui de sa ville natale. Il se nommait *Tholouʒe* et non *de Toulouse* comme l'appelle Delpit, *Tholoʒe* ou *Tholouʒe* désigne un nom d'homme et non un nom de ville. Notre libraire bordelais pourrait plutôt être parent, fils ou petit-fils, d'un nommé Michel Tholoze, imprimeur à Paris vers la même époque où Gaspard Philippe y faisait ses débuts (Voir SILVESTRE, *Marques typographiques*, n° 21).

Pour ce qui concerne son confrère Rostelin, nous croyons que c'est le même qui est désigné sous le nom de *Roustolan* dans un acte du notaire Donzeau, daté du 8 septembre 1548 (1).

(1) Un nommé Pierre Gavaldoy est désigné comme libraire dans le même acte. — Voici encore quelques libraires du xvi⁰ siècle dont les noms ne figurent pas sur des livres et que nous avons relevés d'après des notes d'archives,

« Il est certain, dit encore Delpit, qu'on retrouve dans ce Missel plusieurs lettres initiales dont Gaspard Philippe et Jean Guyart s'étaient servis pour l'impression des œuvres de Tarregua. » Cette assertion est une grave erreur qu'il importe de relever. Nous avons examiné minutieusement les lettres en question. De loin, leur ressemblance a pu tromper Delpit, dont la bonne foi ne peut être suspectée; mais en les rapprochant, on s'aperçoit qu'elles ne sont pas les mêmes. Nous avons cherché et nous avons trouvé. Ces lettres appartiennent au matériel de Paul Berton, imprimeur à Limoges. Les caractères du texte sont également sortis du même atelier. La bordure de grotesques et les ornements si caractéristiques du titre que Delpit a décrits avec un soin particulier, nous les retrouvons d'abord dans le Grand Missel de Jean Berton, que nous avons décrit page 31 de notre travail sur les *Origines de l'Imprimerie à Limoges*, où nous en avons donné un fac-similé, puis encore en partie dans un Missel in-4° de Limoges, imprimé en 1538 par Paul Berton. L'identification est complète. Le *Missale Burdigalense* de 1543 est un livre fort précieux au point de vue de la liturgie bordelaise, mais il est maintenant certain qu'il n'a pas été imprimé à Bordeaux et que c'est un produit des presses de Limoges et des

avec l'indication des pièces qui les concernent : Mestairie pour sire Jehan Lancolle [M^d et maistre libraire de Bourdeaulx] contre Manaret Hosten (Minutes de Denhors, 1er octobre 1561, 184-2, folios viij^cxxvij recto et viij^cxxx recto. — Reçu de Jean de Safors, bourgeois et marchand [libraire] de Bordeaux, de sire Guillaume Fontaine aussi M^d libraire, de la somme de 26 livres tournois pour compte de sire Jean Perisse, marchand libraire de Toulouse (Minutes de Themer, 4 mars 1574, liasse 488-16, folio 137 recto). — Guillaume Boutier, bourgeois et libraire de Bordeaux (Minutes de Themer, 8 mars 1574, liasse 488-16, fol. 150 recto). — Testament pour Guillaume Bothier (très probablement le même que Boutier), bourgeois et marchand libraire de Bordeaux (Minutes de Themer, 6 avril 1574, liasse 488-16, folio 156 recto). — Accord à la suite d'un procès entre PIERRE COLLÉ, *imprimeur*, et Etienne Boutier, fils de Guillaume Bouttier, et Jacques Bouché, fils de Me Simon Bougé (*sic*), marchands libraires, devant le Grand Sénéchal (Minutes de Themer, 24 janvier 1577, liasse 488-16, fol. 17 recto). — Pierre Collé, imprimeur, ne nous est connu que par cette mention. Nous n'avons encore trouvé aucune impression portant son nom.

meilleurs de l'imprimeur Paul Berton. A l'époque où Delpit écrivait son livre, on n'en connaissait qu'un seul exemplaire, celui de la Bibliothèque publique de Bordeaux; depuis, on en a découvert un autre exemplaire incomplet de quelques feuillets de la fin qui a été acquis par M. l'abbé Bertrand pour la bibliothèque du Grand Séminaire, et a été obligeamment mis à notre disposition pour notre étude. Nous donnons ci-contre un fac-simile du titre de ce livre.

Morpain imprima ensuite, en 1545, l'ouvrage suivant, bien connu des bibliophiles : *Linguæ Vasconum primitiæ*, petit in-4° de 28 feuillets. Ces échantillons de la langue gasconne primitive ou langue basque se composent des poésies de l'auteur, Bernard Dechepare, curé de Saint-Michel-le-Vieux. C'est le plus ancien livre qui ait été imprimé en basque (1). On n'en connaît qu'un seul exemplaire, qui est conservé à la Bibliothèque Nationale sous la cote : *Réserve* Y° 1. Nous allons donner une description détaillée de cette rareté bibliographique. Le titre est en trois lignes ainsi disposées :

L I N G V A E   V A S C O N V M   P R I M I =
tiæ per Dominum Bernardum Dechepare
Rectorem sancti michaelis veteris

Au dessous, on voit une figure sur bois représentant le Christ en croix avec les deux saintes femmes au pied, à droite et à gauche. Cette figure remplit le reste de la page.

Au verso du titre, on lit cet avertissement en cinq lignes :

Aduertant Impressor, & Lectores quod. I. nunquam ponitur pro. m. Neq. t. ante. i. pronunciatur pro c. Et ubi virgula ponitur sub. E. hoc modo quod sit dum præ ponitur vocalibus. a. o. u. Tunc. c. pronunciabitur paulo asperius quam. Z. vt in. ce. ci.

(1) Il en a été fait une réimpression en 1847, par les soins de Gustave Brunet, sous ce titre : *Poésies basques de Bernard Dechepare, recteur de Saint-Michel-le-Vieux, publiées d'après l'édition de Bordeaux, 1545 et traduites pour la première fois en français.* Bordeaux, Henri Faye, 1847. In-8° de 82 pages.

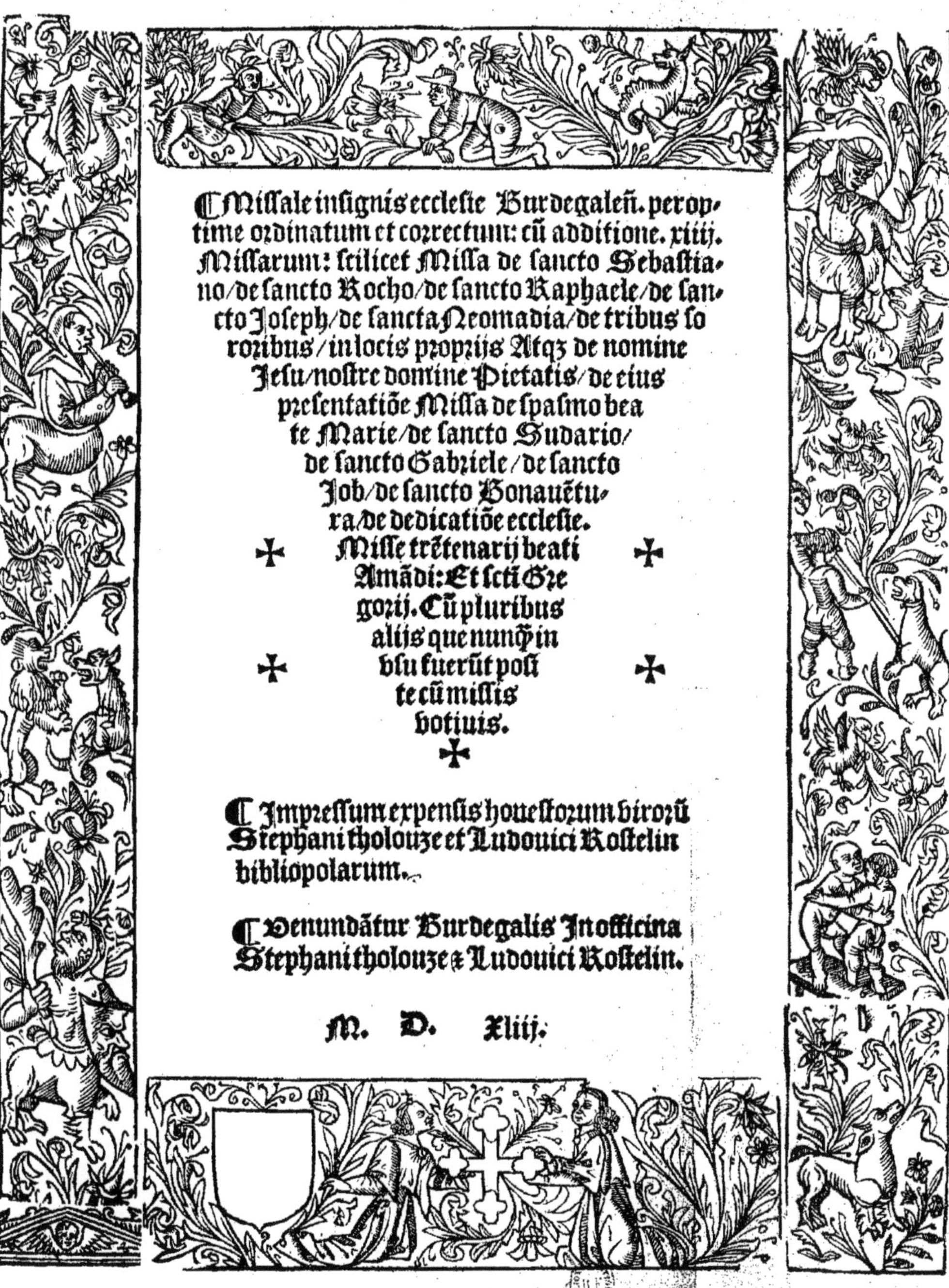

¶Missale insignis ecclesie Burdegalen. peroptime ordinatum et correctum: cū additione. xiiij. Missarum: scilicet Missa de sancto Sebastiano/de sancto Rocho/de sancto Raphaele/de sancto Joseph/de sancta Neomadia/de tribus sororibus/in locis proprijs Atqz de nomine Jesu/nostre domine Pietatis/de eius presentatiōe Missa de spasmo beate Marie/de sancto Sudario/de sancto Gabriele/de sancto Job/de sancto Bonauētura/de dedicatiōe ecclesie. Misse trētenarij beati Amādi:Et scti Gregorij. Cū pluribus alijs que nunq̄ in bsu fuerūt poste cū missis botiuis.

✠

¶Impressum expensis honestorum birorū Stephani tholouze et Ludouici Rostelin bibliopolarum.

¶Uenundātur Burdegalis Jnofficina Stephani tholouze & Ludouici Rostelin.

M. D. Xliij.

Le reste de la page est en blanc.

La préface de l'auteur en basque commence au feuillet Aij suivant, au recto :

Rregueren aduocatu videzco et a noblea ri virthute et a honguciez complitu y ari bere iaun et a iabe Bernard Leheteri ber nard echeparccoac haven cerbitzari chi piac gogo honez goraynei baque eta os= sagarri Ceren bascoac baitira abil animos era gentil.

Le verso de ce feuillet n'a que deux lignes, dont la dernière se termine par le mot *Amen*. Au dessous, une petite gravure oblongue, grossièrement gravée, du Christ tenant la Croix et assis sur un coussin que supportent deux anges.

La lettre initiale E de la préface est copiée d'après une lettre E sur fond criblé de Limoges, ainsi qu'une lettre M qui commence le texte et une lettre A au cahier B (3e fol.). Ces rapprochements montrent qu'il y avait des rapports typographiques entre Limoges et Bordeaux. Le texte du livre finit au 3e feuillet du cahier G verso, au bas de la page, par cette devise latine imprimée en lettres capitales :

DEBILE PRINCIPIVM MELIOR
FORTVNA SEQVATVR.

Le privilège se trouve au 4° feuillet G, recto. En voici le texte :

Extrait des regestes de Parlement.

vpplie humblement Françoys Mor= pain, maistre Imprimeur de ceste ville de Bourdeaulx, que pour imprimer vn petit tracte intitule, Linguæ vasconum primitiæ, luy a conuenu faire plusieurs fraiz & mises. A ceste cause plaise à la Court inhibitions estre faictes a tous les Imprimeurs libraires de ce Ressort de imprimer ou faire imprimer ledit Tracte, a tous marcha[n]s de nen vendre dautre impression dans troys ans a peine de mil livre tourn. & ferez iustice. Veue laquelle requeste la Court faict les inhibitions requises par ledict Morpain a peine de mil livres tourn. Faict a Bourdeaulx en Parlement le der= nier iour Dapuril, mil cinq cens quarante cinq.

Collation est faicte

De Pontac.

Le reste de la page est vide et le verso du feuillet entièrement blanc. Le volume est imprimé en caractères ronds, avec signatures de A à G inclus par 2 (4 feuillets par cahier). Le filigrane du papier est un petit serpent ou guivre avec crête. L'exemplaire, dans sa première reliure du XVIᵉ siècle, porte sur les plats un écu armorié de trois fleurs de lis, avec barre au milieu, tournée à droite.

Il nous faut maintenant descendre jusqu'en 1553 pour trouver un livre portant le nom de Morpain. Ce sont les *Coustumes generalles de la ville de Bourdeaulx, seneschaucée de Guyenne, lesquelles ont été confirmées par edict, autorisées par la Court de Parlement, avec privilège. A Bourdeaulx, chez François Morpain, près les Carmes.* Au milieu de ce titre entouré de vignettes rapportées, on voit la marque de Morpain grossièrement gravée sur bois. Cette marque, qui ne figure pas dans le recueil de Silvestre, est reproduite dans l'ouvrage de Delpit (page 72). Dans un cartouche style Renaissance, au bas duquel se trouve le monogramme F. M., on voit un homme nu dont les pieds commencent à se métamorphoser en pin. Il tient d'une main un livre. « Cela signifie qu'il était libraire et qu'il est *mort*, puisqu'il est transformé en *pin*, et comme de l'autre main il fait approcher de sa bouche une baie ou pomme de pin qu'il veut mordre, il s'ensuit que, voulant mordre une pomme, il est encore *mord pin.* » Telle est l'explication que donne de ce mauvais rébus à double entente le bibliographe bordelais que nous avons si souvent occasion de citer et dont nous complétons le travail.

Cette édition des Coutumes de Bordeaux se compose de vingt-huit feuillets in-4ᵒ. Le texte se termine ainsi : *Cy finis-*

sent les Coustumes..... et furent achevées d'imprimer le vingt troisième jour d'octobre mil cinq cens cinquante trois. La dernière page est occupée par la planche des armoiries de Bordeaux que nous avons vue successivement figurer sur des livres imprimés par Gaspard Philippe et Jean Guyart, ce qui prouve que le matériel de ce dernier était passé chez Morpain. Le bois de la *Loyaullé des femmes* accompagnant les *Neuf Preux de Gourmandise* se trouvait donc dans le même atelier, et de ce fait matériel on peut induire, comme commencement de preuve, que la seconde édition de ce pamphlet dont nous avons déjà parlé (pp. 68-69) a été imprimée chez Morpain, lequel a pu le réimprimer avec de nouvelles fontes de lettres gothiques.

L'imprimerie de François Morpain avait été aménagée dans un nouveau local, près des Carmes, ainsi que nous l'apprenons par le titre des Coutumes. C'est là qu'Élie Vinet fit imprimer sa traduction latine de certaines parties des œuvres du mathématicien grec Psellus, et de la *Sphère* de Proclus, sous ce titre : *Ex mathematico Pselli breviario : arithmetica, musica, geometria, sphera ex Procli græco, Elia Vineto Santone interprete; Burdigalæ, apud Franciscum Morpanium, prope Carmelitas;* in-4º de 76 pages. Ce volume, imprimé en lettres italiques, ne porte pas de date d'impression sur le titre; mais l'avertissement d'Élie Vinet est daté des ides de janvier 1553 (v. style), c'est-à-dire 1554 (nouv. style).

La même année, Morpain obtenait un arrêt du Parlement de Bordeaux en sa faveur, lui permettant d'imprimer des Heures à l'usage de Bordeaux (1). On ne connaît encore aucun exemplaire de ce livre qui a disparu, sans laisser d'autre trace.

Ce fut sans doute encore Morpain, lequel semble avoir eu comme son prédécesseur la clientèle du clergé, qui imprima le *Calendrier selon l'usage de l'église métropolitaine de*

___

(1) Communication de M. Roborel de Climens à la *Société des Archives historiques de la Gironde* (séance du 25 février 1888).

Bourdeaux pour lequel *Maistre Germain Barry prestre* avait obtenu le 22 décembre 1545 un arrêt du Parlement lui octroyant un privilège de deux ans à l'exclusion de tout autre (1). Ce Calendrier a disparu comme les Heures de Bordeaux. La plupart des productions de Morpain, qui a surtout imprimé des pièces volantes et des opuscules de peu d'importance, ont dû avoir le même sort. On en retrouvera certainement quelques-unes tôt ou tard.

Après 1554, et jusqu'en 1563, nous ne connaissons plus aucun livre imprimé portant le nom de François Morpain.

Peut-être conviendrait-il de lui attribuer deux livres qui sont indiqués comme ayant été imprimés à Bordeaux après cette date, mais que nous n'avons pas vus ? L'un est une *Lettre du Roy à M. de Pontac sur le pape Alexandre VII,* 1555 (*Catalogue manuscrit de M. de Pontac,* page 586, à la Bibliothèque de Bordeaux); l'autre est un ouvrage du médecin Reulin intitulé : *De recto cibariorum ordine, libri duo; Burdigalae,* 1560, cité dans la *Liste chronologique des ouvrages des médecins et chirurgiens de Bordeaux,* par *J. Tournon;* Bordeaux, Lawalle, 1799; in-8°, page 3.

En 1563 nous trouvons un petit in-4° de 16 feuillets avec le nom de l'imprimerie de Morpain. C'est un recueil d'épigrammes latines composées par un auteur bordelais avec ce titre :

MAVRITII

MARTII

BVRDIGALENSIS

EPIGRAMMATA

Ad Clariss. virum atq. Prœsidem ampliss.
D. Christophorum Roffiniacum
Cosagium

* *

BVRDIGALÆ

Ex typographia Fr. Morpanii

M. D. LXIII.

(1) Delpit, *loco citato* (p. 80), rapporte le texte de l'arrêt, d'après une communication de M. Émile Brives-Caze.

La pièce est imprimée en caractères italiques assez usés. Les feuillets ne sont pas paginés, mais ont des signatures de A à D inclus par 2. Le verso du dernier feuillet est occupé par la marque de Morpain. Le seul exemplaire que nous connaissions de ce livret se trouve à la Bibliothèque Nationale (Yᵉ 8369).

VI

Morpain mourut en 1563. Sa veuve lui succéda cette même année. Delpit cite d'elle le livre suivant qu'il décrit avec détails (pp. 74-75) et dont voici le titre : *Gallia gemens. De prisca Francorum origine eorumque rebus gestis, à Faramundo usque ad initia regni Caroli IX semper Augusti, brevis et succincta in que libros tres digesta descriptio, per Godofridum Malvinum in amplissimo Burdigalensium ordine senatorem integerrimum. Burdigalæ, apud viduam Francisci Morpanii*, 1563. In-4° de 38 feuillets non chiffrés, imprimés en caractères italiques.

On a pu voir à l'Exposition rétrospective de Bordeaux un imprimé ainsi décrit au Catalogue : « *Cantique au roy Charles | IX, Nostre Souuerain | Seigneur, pour sa nouuelle entrée et bien venue | en sa noble ville, capitalle de Guyenne, et cité de | Bourdeaulx; composé par M. Martin Thomas | Auocat au Parleme[n]t d'icelle, et à sa maiesté | presenté le dimanche 15 auril 1565 | S. Pier. en sa I Epi. chap. 2. Honorons le Roy, et luy soyons subiects. | A Bourdeaulx, de l'Imprimerie de la veufue de Morpain, | 1565. In-8° de 12 ff.* » Ce rarissime opuscule, qui n'a pas été connu de Delpit, fait partie des collections de M. Henri Bordes.

Delpit cite encore de la veuve Morpain un *Almanach pour l'an MDLXVII, avec ses amples significations et explications, composé par M. Michel Nostradamus, docteur en médecine, conseiller et médecin ordinaire du Roy, de Salon de Craux en Provence*, petit in-16 de 8 feuillets (16 pages), dont il donne une description détaillée à laquelle nous renvoyons (pp. 75-76 de son ouvrage déjà cité).

Bernadau, dans ses *Mélanges manuscrits*, t. IV, p. 731, signale comme étant imprimée à Bordeaux la pièce suivante : *Copie des lettres du Roi et du Seigneur de Lansac au Seigneur de Pardaillan, gouverneur de Blaye, avec la response par luy faite à sa Majesté et audit sieur de Lansac*, 1569, in-8° (1). Cette impression peut être attribuée à la veuve Morpain, car elle exerçait encore. En 1570, sortait de son imprimerie une pièce petit in-8°, que nous avons vue jadis et dont nous avons transcrit le titre :

Edict du Roy sur la Pacification
des troubles de son Royaume, donné
à Saint Germain en laye, au moys
d'aoust, l'an mil cinq cens soixante
dix.

A BOURDEAULX

Chez la vefve de Morpain demourant
pres le couvent des Carmes.

1570.

Nous ne connaissons rien de la veuve Morpain après cette date.

L'année suivante elle est remplacée par Pierre de Ladime. Ce dernier avait acquis un certain nombre d'exemplaires de l'*Antiquité de Saintes* d'Élie Vinet, in-4°, imprimés à Poitiers par Enguilbert de Marnef, en 1567. Il en changea les titres qu'il imprima lui-même en omettant le nom de l'auteur. Ces exemplaires portent pour suscription : *A Bourdeaus, Pierre de Ladime*, 1571.

Delpit déclare (page 83) que c'est le seul ouvrage de Pierre de Ladime qui soit parvenu jusqu'à nous. Depuis que Delpit

(1) La Bibliothèque Nationale en possède un exemplaire sans nom de lieu, inventorié L^b 33, n° 281.

7

a écrit son livre sur *les Origines de l'Imprimerie en Guyenne,* on en a découvert d'autres.

Dans le même recueil qui contenait l'édit de 1570, imprimé par la veuve Morpain, nous avons vu un autre édit portant le nom et l'adresse de Pierre de Ladime sous ce titre : *Edict du Roy sur la Pacification des troubles et esmotions advenues au royaume de France, depuis le 24 aout dernier passé jusques à l'onziesme jour de juillet 1573. A Bourdeaux, par Pierre de Ladime, Imprimeur Iuré de l'Université, pres les Carmes ; 1573.*

Pierre de Ladime qui prend ici le titre d'imprimeur juré de l'Université succédait à la veuve Morpain et avait son atelier dans le même local, près du couvent des Carmes.

Feu E. Gaullieur a signalé également la même pièce qui se compose de 7 feuillets et se trouve aux Archives municipales de Bordeaux. Il en décrit en même temps trois autres qui sont conservées dans le même dépôt (1).

1º Declaration du Roy sur l'exemption octroyée aux Prelatz et gens du clergé de France. (Au dessous, l'écu de France aux trois fleurs de lys, surmonté de la couronne royale.) *A Bourdeaux, par Pierre Ladime, imprimeur juré, demourant pres des Carmes, M. D. LXXI;* petit in-8º de 8 pages en 2 cahiers, numérotées dans la partie inférieure au dessous de l'impression.

2º Edict du Roy sur la Pacification des troubles de ce royaume. (Écu fleurdelysé de France supporté par deux anges aux ailes déployées.) *A Bourdeaux, par Pierre Ladime, imprimeur juré de l'Université, demourant pres les Carmes, 1576;* petit in-8º de 32 pages.

3º Declaration de la volonté du Roy sur la Pacification des troubles de son Royaume en attendant la publication de l'Edict. (Même vignette que ci-dessus ; même indication de provenance et même date.)

Enfin le docteur Desbarreaux-Bernard a réimprimé en 1875, à Toulouse, une de ces pièces volantes populaires dites

(1) Voir *Revue des Bibliophiles* publiée par Jean Chollet. Sauveterre-de-Guyenne, 1881 ; in-8º, p. 56.

« canards », portant le nom de Pierre de Ladime, dont il possédait l'original dans sa bibliothèque. Elle est intitulée : *Discours tres merveilleux et espouvantable advenu en la ville d'Envers, de trois enfants lesquels ont parlé tost apres leur nativité et dit choses merveilleuses puis à l'instant trespasserent, comme verrez ci-apres. A Bourdeaux, par Pierre de Ladime,* 1587 ; petit in-8°. Si cette date est exacte, il y aurait une lacune de onze ans dans l'exercice de Pierre de Ladime, période pendant laquelle nous ne connaissons encore rien de sorti de ses presses. Cela n'a rien d'étonnant étant donné que cet imprimeur n'a produit aucun ouvrage important et que l'on n'a de lui que des édits, des livrets de peu d'importance et des pièces volantes qui ont dû disparaître.

Maintenant que nous avons établi la filiation du premier atelier typographique de Bordeaux, jusqu'au moment où Simon Millanges, le futur éditeur de Montaigne, vient changer la face des choses en fondant un établissement qui va donner un nouveau lustre littéraire à la capitale de la Guyenne, revenons un peu en arrière et disons un mot de deux ou trois autres petits imprimeurs dont nous avons recueilli les noms.

En 1549, un libraire du nom de Guillaume Boulanger présentait requête au Parlement pour lui « octroyer et permettre imprimer ou faire imprimer les lettres-patentes, édict et ordonnance faictes par le Roy sur l'extinction, abolition et suppression des greniers, gabelles et officiers pour l'exercice d'icelles ès pays de Poictou, Chastellerault, Xanctonge et gouvernement de La Rochelle, Angoulmois, hault et bas Lymozin, haulte et basse Marche, Périgord, enclaves et autres ressorts d'iceulx ». Un privilège en date du 27 novembre 1549 lui est accordé pour un an (1).

Quelques mois après, le même Boulanger demande un autre privilège pour « les Ordonnances naguieres faictes par le Roy sur le faict des monoies, contenues par lettres patentes, tant sur ce par ledict Seigneur octroiées à Fontainebleau le xxiiie de janvier passé, publiées et enregistrées en la Chambre des monoies, à Paris, le dernier jour dudit mois »,

______

(1) Voir le texte de cet arrêt dans Delpit, *opere citato*, pp. 81-82.

défendant « à tous marchans, libraires et imprimeurs de
ceste ville et ressort de ladicte Court de reimprimer ou faire

ORDONNAN-

CE DV ROY, ET DE

SA COVRT DES MONNOYES,
fur le cours & mife des folz parifis de nouuelle fabrication. Auec le defcry des monnoyes de billon eftrangeres, au deffoubz de
troys folz piece. Et l'Arreft donné par ladicte Court qu'il eft enioinct aux maiftres
des Monnoyés & Changeurs de payer au
peuple la valleur des efpeces d'Or & d'Argent legeres defcriées qu'il acheteront en
fuyuant ledict Arreft. Faict le iii. Iour de
Iuillet, mil cinq cens foixante cinq.

Imprimé pour Guillaume Boulanger, demeurant en Rue S Pierre:
en la maifon de la Serene.
A BOVRDEAVX.
Auec Priuilege du Roy, pour dix ans.

imprimer, vendre ou distribuer lesdictes Ordonnances, d'autre
impresse que dudict Boulangier du tant de deux ans prochains
venants, à telle peine que la Court verra estre à faire » (1). Il

(1) Archives départementales de la Gironde, B 28 : *Parlement de
Bordeaux ;* arrêts 1549.

est fait droit à sa requête par arrêt du 18 février 1549 (155o, nouv. style). Un autre arrêt du Parlement l'autorise en 1554 à publier deux nouveaux édits (1).

On n'a pas encore retrouvé d'exemplaires des *Ordonnances et Edicts* visés ci-dessus ; mais nous en connaissons d'autres qui n'ont été cités par aucun bibliographe. Dans le privilège qui, cette fois, lui est accordé non par le Parlement (2) mais par le roi, Boulanger est qualifié d'*imprimeur* (3). Ces ordonnances sont au nombre de trois, non compris un arrêt de la Cour des Monnaies de Paris. La première est intitulée : *Ordonnance du Roy et de sa Court des Monnoyes sur le cours et mise des solz parisis de nouvelle fabrication*, etc... (Voir ci-contre le titre complet en fac-simile.)

(1) *Société des Archives historiques de la Gironde.* Séance du 25 février 1888 (Extrait du procès-verbal). — « M. Roborel de Climens propose de transcrire un arrêt du Parlement autorisant, en 1554, un imprimeur bordelais nommé Boulangier de publier deux nouveaux édits... »

(2) L'exemplaire jusqu'à ce jour unique de ces Ordonnances fait partie de la collection de M. Gambier, ancien libraire à Bordeaux, qui l'a mis à notre disposition avec une obligeance parfaite, ce dont nous tenons à le remercier ici.

(3) Voici la transcription de ce privilège selon sa forme et teneur :

L E Roy a permis & permet, à Guillaume Boulanger Imprimeur, demourant à Bourdeaux, d'Imprimer ou faire Imprimer vendre & debiter par telz Imprimeurs que bon luy semblera tous & chacuns les Edicts Cris & d'Escris, Mandemens Ordo[n]nances Declarations Iugemens & Arrests qui ce feront cy apres tant pour le faict des Monnoyes que de la Iustice. Et ce durant le temps & terme de dix Ans. Et deffent ledict Seigneur à tous marchans Libraires Imprimeurs & autres quelzconques du Ressort de Parlement de Bourdeaux de n'Imprimer ou faire Imprimer vendre ne debiter les dictz Editz & Ordonnances cy deuant mensionez, d'autres que ceux que ledict Boula[n]ger aura faict Imprimer ou de ceux qui auront charge de luy, sur peine de confiscation de tout ce qui en aura esté Imprimé sans l'adueu dudict Boulanger, & d'Amende arbi-

ARREST DON-
NÉ EN LA COVRT
DES MONNOYES A PARIS PAR

lequel il est enioinct aux maistres
des Monnoyes & Changeurs de payer au peuple la valleur des especes
d'Or & d'Argent descriées & legie
res qu'il acheteront selon la suppu-
tatió qui en a esté faicte par ladicte
Court. Faict le iij Iour de Iuillet,
Mil cinq cens soixante cinq.

Imprimé pour Guillaume Boulanger, demeu-
rât en Rue S. Pierre: en la maison de la Serene.
A BOVRDEAVX.
Auec Priuilege du Roy, pour dix ans.

traire applicable audict Seigneur & audict
Boulanger, ainsi que plus amplement est con-
tenu es Lettres de Priuilege dudict Seigneur.
Donnés à Bourdeaux, le xxvii. Iour du moys
d'Auril, mil cinq cens soixante cinq. Ainsi
signé   Par le Roy :

BOVRDIN.

Et sellé du grand Seau dudict Sieur de cire iaul-
ne à simple queue.

Au milieu de ce titre, on voit dans un cadre l'écu de France aux trois fleurs de lys, entouré du cordon de Saint-Michel gravé sur bois. Au dessous se trouve l'indication de la demeure de Guillaume Boulanger, dans la rue Saint-Pierre, maison de la Sirène.

Un second titre, au lieu de commencer au recto, selon les règles typographiques, est placé au verso du septième feuillet. C'est le titre de l'arrêt de la Cour des Monnaies, énoncé dans le titre de la première ordonnance du 3 juillet 1565. Nous le reproduisons ci-contre en fac-simile.

Dans ce titre, l'écu de France est soutenu par deux anges debout au lieu d'être placé dans un cadre. Le texte de l'*Arrest* finit au verso du feuillet portant la signature B *ij*.

Un troisième titre vient ensuite au recto du feuillet suivant : *Ordonnance de la Court des Monnoyes sur le pris et valeur des demys reaulx d'or et philippes d'argent forgez en Flandres*, etc. (Voir le fac-simile ci-après.)

L'écu de France est remplacé sur le titre par un assemblage de petits troncs d'arbres supportés l'un au dessus de l'autre et occupant cet espace (1). Le texte de cette ordonnance finit au verso du septième feuillet du cahier B. Sur la page en face on lit le procès-verbal de la publication « à son de trompe et cry public » de ladite ordonnance « par les carrefours de ceste ville de Paris, en la foyre Saint-Germain des Prez, lieux et

---

(1) Ce fleuron aux troncs d'arbres est caractéristique. Nous ne l'avons trouvé nulle part ailleurs qu'à Bordeaux. Nous nous souvenons avoir vu, il y a plus de trente ans, un recueil dans lequel se trouvaient des pièces et édits du xvie siècle dont nous n'avons malheureusement pas retenu les titres, sans nom de ville, portant cet assemblage de fleurons aux troncs d'arbres. A ce moment nous ne nous doutions guère que ces impressions pouvaient être des produits de la presse bordelaise. Il est à peu près certain qu'il y en a d'autres auxquelles, comme nous, on n'a pas fait attention.

Nous avons déjà fait remarquer que le fleuron aux troncs d'arbres se trouvait déjà en 1537 dans le matériel de Jean Guyart. On le trouve à la fin de la *Sommaire forme de procéder extraordinairement ès causes criminelles*, d'Antoine Colomban. (Voir fac-simile, p. 63.) Cela indiquerait-il que Boulanger l'avait emprunté à Morpain, successeur de Guyart, ou qu'il aurait fait imprimer par ce dernier? C'est un point de détail que nous n'avons pu encore résoudre faute d'éléments suffisants de comparaison.

❦ Ordonnance de la
COVRT DES MON-
noyes, fur le pris & valeur des Demys Reaulx d'Or, & Philippus
d'Argent, forgez en Flandres, & de
fcry des pieces de billon, forgez en
Allemaigne, qui s'expofent pour
quart de Iocondalles.

Imprimé pour Guillaume Boulanger, demeurant en Rue S Pierre:
en la maifon de la Serene.

A BOVRDEAVX.

places accoustumées », daté du mercredi 7 février 1564. Au
verso, l'écu de France fleurdelysé, mais le dessin est différent; la planche est plus haute; elle mesure 56 millimètres
de haut sur 46 de large au lieu d'être presque carrée (36 millimètres de hauteur sur 34 de largeur) comme l'autre. La couronne du haut est fermée et, aux quatre coins du cadre, des
fleurons style Renaissance en forme de fleurs de lys remplissent
les vides.

Un quatrième et dernier titre vient après. C'est une *Ordonnance du Roy contenant le poix et pris des especes d'or et d'argent* en cours dans le royaume avec le décri des monnaies étrangères. (Voir ci-dessous le fac-simile.)

ORDONNANCE

DV ROY, CONTENANT

Le poix & pris des especes d'Or & d'Argent, ausquelles ledict Seigneur a permis auoir cours & mises en son Royaume, Pais, Terres & seigneuries de son obeissance.

Auec le descry̧fant des monnoyes rongnées, & legeres, que de certaines especes d'Or & d'Argent, & de billon estrangeres.

Imprimé pour Guillaume boulanger, Demeurant en la Rue sainct Pierre, en la maison de la Serene.

A BOVRDEAVX.

Auec Priuilege du Roy, pour dix ans.

Sur le titre, on voit le petit bois de l'écu de France avec le cordon de Saint-Michel comme à la première ordonnance. A la fin, au verso de la dernière page, on lit le procès-verbal,

en date du samedi 16 novembre 1564, de la publication « à
son de trompe et cry public par les carrefours de ceste ville
de Paris, lieux et places accoustumées à faire crys et procla-
mations ».

Le tout forme un volume petit in-8°, en caractères romains,
avec signatures de A à B par 4, soit 32 pages pour les trois
premières pièces. Un nouvel ordre de signatures de A à F
par 4 recommence au quatrième titre. Les figures des monnaies gravées sur bois dont le livre est rempli paraissent
fatiguées par des tirages antérieurs. Elles avaient, selon toute
probabilité, déjà servi dans l'impression d'autres ordonnances publiées par Boulanger ou d'autres éditeurs bordelais
que nous ne connaissons pas.

Le commerce considérable que faisait Bordeaux au XVIᵉ siècle amenait dans la circulation nombre de monnaies étrangères dont il était nécessaire de connaître exactement la
valeur. Une publication de ce genre, réunissant comme en une
sorte de carnet les derniers cours officiels du change et de la
monnaie légale, devait avoir un débit assuré non seulement
sur place, mais encore au dehors. Boulanger avait des
correspondants dans les provinces voisines. La nature de ses
publications l'exigeait. On a pu voir plus haut qu'il obtenait, le 27 novembre 1549, un privilège pour l'impression
d'ordonnances sur les gabelles du Poitou, du duché de Châtel-
lerault, de la Saintonge, du gouvernement de La Rochelle,
de l'Angoumois, du haut et bas Limousin, de la haute et
basse Marche, du Périgord, « enclaves et aultres ressorts
d'iceulx ». Ces ordonnances, qui ne concernaient pas la
Guyenne, devaient surtout se débiter dans les pays inté-
ressés et dénommés ci-dessus. On ne devra donc pas être
surpris qu'il ait imprimé ou fait imprimer, comme porte la
teneur de ses privilèges, en 1567 des *Ordonnances du Roy,
concernants la Police générale de son royaume,* pour un libraire
de Limoges.

Les Ordonnances en question ont été découvertes à l'état
de fragments (3 feuilles entières A, B, C, petit in-8°), par
M. Fray-Fournier, de Limoges, dans une vieille couverture

in-folio dont elles formaient le carton, amalgamées avec d'autres fragments imprimés. On trouvera ci-après le titre de ces ordonnances reproduit en fac-simile :

Le texte est imprimé avec de petits caractères romains identiques à ceux qui ont servi pour les *Ordonnances* de 1565 au nom de Guillaume Boulanger. Les lettres en gros romain du titre se retrouvent, avec le petit fleuron qui les précède, à la première ligne du troisième titre aux troncs d'arbres du même recueil de Boulanger. (Voir fac-simile ci-dessus, p. 108.) Le fleuron très caractéristique en forme de cul-de-lampe retourné représentant un fronton de style hybride avec une femme couchée au milieu, qui est placé au milieu du titre, se retrouve à la fin d'une des Ordonnances de 1565, ainsi qu'une grande lettre L à figure de lion, formant tête de chapitre, que nous avons signalée comme se trouvant en tête du privilège pour l'impression desdites Ordonnances. (Voir p. 105, note au bas de la page.)

Les Ordonnances sur la Police générale du royaume, éditées en 1567, sont évidemment sorties des mêmes presses que les Ordonnances sur les Monnaies de 1565. Nous avons supposé un instant qu'elles avaient été imprimées à Limoges. Un imprimeur du nom de Claude Garnier a exercé à Limoges, mais le dernier livre daté qu'on connaisse de lui est de 1555-57 (1). Les petits caractères romains dont il s'est servi dans les pièces liminaires de ce volume sont plus compacts et les lettres ornées d'un style tout à fait différent. Nous en avons conclu que Michel Garnier, dit la Couronne (probablement le fils de Claude Garnier, imprimeur), n'était que libraire et que l'édition a dû être imprimée à Bordeaux pour le compte de Guillaume Boulanger, qui en a fait tirer des exemplaires au nom de Michel Garnier, son correspondant de Limoges. Le titre porte simplement :

> *On les vend a Limoges en la maison*
> *& bouticque de Michel Garnier, dit*
> *de la Couronne,*

et il n'est pas dit que ce dernier les ait imprimées ou fait imprimer.

D'après Gergerès, qui s'en réfère à des notes manuscrites de l'abbé Bellet (2), il y aurait eu à Bordeaux, en l'année 1552, un imprimeur nommé Larue demeurant dans la rue Bouhaut;

(1) Voir A. CLAUDIN : *l'Imprimeur Claude Garnier et ses pérégrinations* (1520-1557); Limoges, 1894, in-8°, p. 28.
(2) *Histoire de la Bibliothèque de Bordeaux*, p. 63.

mais il n'aurait imprimé que des *Prophéties de Nostradamus,* des *Almanachs*, des *Catons*, des *Alphabets* et même des *Despautères*. Ce fait mérite confirmation. Cette soi-disant édition de Nostradamus qui serait antérieure à toutes celles connues, n'a probablement existé que dans l'imagination du rédacteur de cette note. Il a sans doute pris des *Pronostications* comme on en débitait partout à cette époque pour les Prophéties de l'astrologue provençal. Ce Larue n'était peut-être qu'un libraire.

Epitaphes des

Roys de France, qui ont regné depuis le Roy Pharamond, iusques au Roy Francoys premier de ce nom. Auec les Effigies, protraictes au uif, ainsi quelles sont taillees en pierre, par ordre en la grāt salle du Palais Royal de Paris.

Augmentees de mettres en latin, composes par scientificque personne monsieur maistre Barthelemy Chasseneu, docteur en chascun droit & Président de Digeon.

De Regibus Franciæ Carmen.

Aspice quo Franci regnarunt tempore Reges,
Quis prior, & Regum Gallica sceptra tulit.

Un nommé Jean Mentcle *aliàs* de Vaten fit imprimer sans date, vers le milieu du seizième siècle (1550 ou 1560), en lettres italiques d'une forme différente de celle des impressions connues de Bordeaux, un volume petit in-8°, orné de bois grossiers tout à fait usés. Le titre est celui-ci :

Epitaphes des Roys de France qui ont régné depuis le Roy Pharamond jusques au Roy Françoys premier de ce nom, avec des effigies protraictes au vif, ainsi qu'elles sont taillées en pierre par ordre en la gra[n]t salle du Palais Royal de Paris. Augmentées de mectres en latin composés par scientificque personne Monsieur Maistre Barthelemy Chasseneu, docteur en chascun droict et président de Digeon (sic).

Suivent deux vers latins sur ce recueil des Epitaphes des Rois de France : « *De Regibus Franciæ carmen.* » Nous donnons à la page précédente un fac-simile de ce titre avec le distique en question.

On lit à la fin la mention suivante : *Cy finissent les Epitaphes, Genealogies & Effigies des Roys Françoys, imprimez nouellement pour Jehan Mentcle aliàs de Vaten, libraire demourant à Bourdeaulx.*

Quel était ce Jehan Mentcle ? Était-il imprimeur ou simplement libraire ? Il nous est impossible de trancher la question. Nous pensons cependant qu'il était libraire et que le livre a été imprimé à Poitiers, mais nous n'avons rien de positif à cet égard. Nous avons trouvé un Jean Mentcle de Sonlu imprimeur à Lyon en 1535 (1). Serait-ce le même qui serait venu s'établir à Bordeaux ou un parent ?

Cette identification de personne ne nous a pas été possible faute de renseignements plus amples. On trouvera ci-contre un fac-simile de la dernière page de cet imprimé qui contient la suscription au nom de Jean de Mentcle.

Le livre que nous venons de citer n'a pas été connu de Delpit. Il en existe un exemplaire à la Bibliothèque Nationale à Paris, sous la cote L 4. Un second exemplaire, porté au prix de 70 francs, figurait en mai 1892 dans la xxxixe livraison de *Bibliopoliana* de la librairie Téchener sous le n° 5397.

____

(1) Voir J. Baudrier. *Bibliographie lyonnaise*, Ire série. 1895 ; gr. in-8°, pp. 274-275.

Nous en conservons un troisième dans notre collection. La Bibliothèque de la ville de Bordeaux ne le possède pas.

Heluetios dextro domuit qui marte rebelles
Oppida uictrici trudit et alta manu
Impofuitq; potens anglo qui frena feroci
Sedulus hic patrio ductus amore nimis
Italiam petijt francum remeauit in orbem
Sepius et pulfis hoftibus ultor edeft.

Cy finiffent les Epitapbes, Genealogies, & effigies des Roys Frã
coys, Imprimez nouuellement
pour Iehan Mentcle, aliàs
de Vaten, libraire
demourant à
Bourde-
aulx.

Nous nous arrêtons là. Citons encore pour mémoire un imprimeur nommé Pierre Collé, dont on ne connaît encore aucune impression et dont nous avons trouvé le nom dans un acte notarié du 24 janvier 1577 (Minutes de Themer, liasse 486-16, folio 156 recto). Nous l'avions du reste déjà signalé dans une note (page 93). La typographie bordelaise, qui commençait à décliner, va entrer dans une nouvelle phase et se régénérer avec Simon Millanges.

La bibliographie des livres sortis des presses de cet impri- meur célèbre serait du plus haut intérêt pour l'histoire litté-

raire de la Guyenne. Il serait à souhaiter que quelque bibliographe autorisé entreprenne cette tâche et veuille continuer
notre travail au point où nous l'avons laissé. Quant à nous,
fidèle à notre plan de ne nous occuper que des origines de
l'imprimerie dans chaque ville, nous abandonnons le terrain
en laissant à d'autres encore une belle part et une carrière
glorieuse à parcourir.

Bordeaux. — Imp. Nouvelle DEMACHY, PECH et Cie, 16, rue Cabirol.

TABLE DES CHAPITRES